GENE LILLY

DER SEGEN DES VERGEBENS

Leuchter Edition · Erzhausen

Titel der Originalausgabe:
GOD IS CALLING HIS PEOPLE TO FORGIVENESS

Übersetzung: KH. Neumann

Umschlaggestaltung: Frank Decker, Messel

16. Auflage Dezember 2000

© by Gene Lilly
© der deutschen Ausgabe 1978 by Leuchter Edition GmbH

ISBN 3-87482-502-7

Gesamtherstellung: Schönbach-Druck GmbH, Erzhausen

Inhalt

Vorwort		7
1	Sieh Jesus in dir	11
2	Richte nicht	17
3	Liebet eure Feinde	27
4	Vergebungsbereitschaft in meiner Familie	39
5	Vergebung auf den Kaiman-Inseln	49
6	Vergebung heilt Eheprobleme	57
7	Die Geschichte einer Ehe	65
8	Vergebung und leibliche Heilung	75
9	Vergebung bringt Einheit	83
10	Vergebung durch Bekenntnis ist völlige Vergebung	91

Vorwort

Von Stephen Strang,
Herausgeber des CHARISMA-Magazins

Daß man durch Vergeben in eine enorme innere Freiheit und Entspannung hineinkommt, ist eine der wichtigsten Wahrheiten, die ein Christ lernen kann. Doch diese Wahrheit wird in den meisten Kirchen übersehen, obwohl Christus oft davon redet. Eines der bekanntesten Beispiele finden wir wohl in Matthäus 18, wo ein Herr seinem Knecht eine Schuld erließ, die nach unserem heutigen Geld etwa einen Betrag von siebzig Millionen Mark ergeben würde. Derselbe Knecht weigerte sich aber im nächsten Augenblick, seinem Mitknecht eine Schuld von etwa einhundert Mark zu erlassen, sondern ließ ihn um dieses geringen Betrags willen in das Schuldgefängnis werfen.

Durch viele Jahre hat mich die Handlungsweise dieses Knechtes immer wieder empört, wenn ich dieses Gleichnis las. Dabei ist mir nie bewußt geworden, daß ich eigentlich noch schlimmer war. Erst als ich Gene Lilly einmal über das Thema predigen hörte, von dem auch dieses Buch spricht, wurde mir das klar. Er fragte, ob uns schon einmal jemand in einer Kleinigkeit Unrecht getan hatte und wir nun dieserhalb Groll im Herzen herumtrügen.

Ich erkannte, daß dies auf mich zutraf. Ich nahm es einem Studienfreund immer noch übel, daß er sich von mir einmal ein Lehrbuch geborgt und nicht wieder zurückgegeben hatte. Ich war beleidigt, weil einer meiner Mitchristen mir eine von meinen liebsten Kassetten mit Liedern nicht zurückgab. Ich war sogar noch gekränkt darüber, weil mein jüngerer Bruder mir vor vielen Jahren aus meiner Pfennigsammlung die meisten Münzen gestohlen hatte — immer eine nach der anderen, damit ich es nicht merkte —, um sich Bonbons dafür zu kaufen.

Als Gene die Geschichte vom Knecht erzählte, der nicht vergeben wollte, brach die Wahrheit in mich hinein, wie Licht in einen dunklen Raum. All meine Unversöhnlichkeit wurde mir plötzlich klar. Ich sah den Unterschied zwischen den wenigen Münzen, die mein Bruder mir gestohlen hatte und um derer willen ich ihm nicht vergeben konnte, und all dem Ärger, der Habsucht, dem Neid, der Unersättlichkeit, Lust, Stolz und der Trägheit, die Jesus mir vergeben hatte. Ich wußte, ich war schlimmer als jener Knecht.

Ich werde nicht schnell von Gefühlen mitgerissen, aber an jenem Abend liefen die Tränen der Reue über meine Unversöhnlichkeit, die in mir aufstiegen, über meine Wangen hinunter. Gene forderte uns zum Gebet auf. Ich bat den Herrn, mir allen Groll und alle bösen Gedanken, die ich gegen andere im Herzen hatte, zu vergeben.

Dann bat ich Jesus, mir all die zu zeigen, denen ich in meinem Herzen nicht vergeben hatte. Es war fast unglaublich, wie schnell mir der Heilige Geist ein Ereignis nach dem anderen vor Augen führte, wo ich mich geweigert hatte, zu vergeben. Doch ein Erlebnis bekümmerte mich besonders:

Ein Bruder in Christo, mit dem ich eng befreundet war — ein feiner junger Mann, dem ich im Anfang seines Dienstes im Reiche Gottes manche Hilfe gegeben hatte —, hatte sich von mir zurückgezogen (von meinen Ansichten) und so unsere Freundschaft zerstört. Um unangenehme Situationen zu vermeiden, die sich vielleicht entwickelt hätten, wenn wir uns begegnet wären, ging ich ihm aus dem Wege.

Dabei hatte ich das Gefühl, auf diese Weise Frieden zu halten. Doch ich war beleidigt, und immer, wenn ich an den Vorfall denken mußte, erregte er mich so sehr, daß mein Magen zu rebellieren begann.

Doch was der Heilige Geist mir an jenem Abend zeigte, schmerzte noch mehr. Er zeigte mir, daß ich im Unrecht war. Ich war es gewesen, und nicht mein Bruder, der die Situation herbeigeführt hatte, an der unsere Freundschaft zerbrochen war. Um meiner starken Persönlichkeit willen war es zum Streit gekommen. Nach einigen Auseinandersetzungen hatte ich die Situation noch schlimmer werden lassen, weil ich sie nicht in die Hand des Herrn gelegt hatte. Ich suchte nach einer Lösung, und die sah dann so aus, daß ich ihm aus dem Wege ging. Doch das war nicht des Herrn Lösung gewesen, und ich wußte, ich mußte meinen Bruder um Vergebung bitten.

Am nächsten Tag legte ich meine Termine so um, daß mir eine Stunde Zeit blieb. Ich fuhr zu seinem Büro, um das zu tun, wovon ich wußte, daß es schwer werden würde: um Vergebung zu bitten.

Der Herr habe mir gezeigt, daß ich ihm Unrecht getan hatte, sagte ich zu ihm, und bat um Vergebung.

Ich erwartete eigentlich, daß er sagen würde, auch er habe nicht recht gehandelt und wolle ebenfalls um Vergebung bitten. Doch das geschah nicht. Statt dessen sagte er, er habe mir schon vor Monaten vergeben.

Da begriff ich erst recht, daß ich wirklich Unrecht gehabt hatte. Mein Bruder hatte das schon lange gesehen. Als ich ihn um Vergebung bat, tat er es freudig. Wir beteten zusammen, und als ich ihn nach etwa zehn Minuten verließ, umarmten wir uns wieder als Brüder.

Als ich in mein Büro zurückkam, saß ich für einige Minuten allein dort und weinte. Ich dankte Gott für die Erleichterung, die ich in meinem Inneren spürte. Bisher war mir gewesen, als sei ein Seil fest um mein Herz gebunden, das mich einschnürte. Doch jetzt fühlte ich mich frei. Großer Friede durchzog mich. Die Erleichterung, die ich empfand, war fast so groß wie damals, als Jesus mir meine Sünden vergab.

Ich hatte vergeben; und als ich das tat, vergab mir Christus auch den Fehler, den ich gemacht hatte.

1
Sieh Jesus in dir

Wenn du Jesus in dir sehen kannst, dann kannst du auch beginnen, Jesus in anderen zu sehen. In Jesus bist du erlöst, gerecht und frei gemacht und geheiligt. Die Bibel sagt, daß durch Jesus jetzt alle geistlichen Segnungen in uns wohnen.

Ich möchte dir etwas von diesen geistlichen Segnungen anhand von Johannes 14, 23 zeigen: ,,Jesus antwortete ihm mit den Worten: *»Wenn jemand Mich liebt, wird er Mein Wort halten, und Mein Vater wird ihn lieben, und wir werden zu ihm kommen und Wohnung bei ihm nehmen.«*''

Die meisten Menschen warten, um zu ihrem himmlischen Vater zu kommen, bis sie sterben. Auf diese Weise gehen ihnen alle Wohltaten verloren, die ihnen zuteil werden, wenn sie schon jetzt und hier in Gemeinschaft mit ihrem Vater im Himmel leben. Jesus und der Vater wollen in uns leben, deshalb sind wir so gesehen schon jetzt in unseres Vaters Haus. *,,Denn in Ihm wohnt die ganze Fülle der Gottheit leibhaftig''* (Kolosser 2, 9).

Oft erkennen wir nicht, daß die Bibel uns, wenn wir unser Leben Christus übergeben haben, Heilige nennt. Wir meinen, wir seien immer noch Sünder, zwar bekehrte Sünder, aber eben immer noch Sünder. Doch das Wort Gottes lehrt etwas anderes. Wir wollen es an einem Beispiel erklären: Wenn ein Mann als Klempner arbeitet, dann sagt man auch, er sei ein Klempner. Arbeitet er als Tischler, dann heißt man ihn auch einen Tischler. Das muß jedoch nicht bedeuten, daß er ein perfekter Klempner oder ein perfekter Tischler ist. Er mag vielleicht noch nicht alles können, was es in seinem Beruf zu tun gibt.

Dieselbe Wahrheit trifft auch für uns zu, wenn wir Christen sind. Wenn wir uns zu Jesus bekehrt haben, dann sind wir auf dem Wege der Heiligen. Und deshalb nennt uns die Bibel auch Heilige. (Wir wollen nicht länger den Weg der Sünder gehen, deshalb nennt uns Gott auch nicht mehr Sünder.) Paulus nennt die Christen in seinen Briefen an vielen Stellen Heilige, so zum Beispiel im Brief an die Gemeinde zu Ephesus und an die zu Korinth usw.

Im Neuen Testament wird etwa 140mal festgestellt, daß wir *in Christus* sind. Beginne also, dich als einen Menschen zu sehen, der in Jesus ist. Nimm für dich in Anspruch, was es heißt, in Jesus zu sein, und es wird dein Leben verändern. Jesus hat einen gewaltigen Preis bezahlt, um uns in Besitz all der geistlichen Segnungen kommen zu lassen, also sollten wir auch reichlich davon Gebrauch machen.

Ob wir es schon begriffen haben oder nicht, ändert daran nichts, aber wir sind für Gott ein wertvoller Besitz, verglichen mit dem, was wir waren, ehe wir Gottes Eigentum wurden. Wir sind jetzt Gottes Wohnung. Durch den Heiligen Geist wollen Gott der Vater und Gott der Sohn in uns wohnen.

Gott hat großes Interesse an Seinem Volk. Wenn wir in der Bibel lesen, werden wir immer wieder finden, daß Sein Interesse deshalb so groß ist, weil Er Seine Herrlichkeit in uns hineingelegt hat. 1. Petrus 2, 9 sagt es so schön: *„Ihr dagegen seid das auserwählte Geschlecht, die königliche Priesterschaft, die heilige Volksgemeinschaft, das zum Eigentum erkorene Volk."* Wir sind jetzt wirklich ein ganz anderes Volk als früher, das gilt es recht zu begreifen.

Wir sehen das zum Beispiel auch daran, daß die wahren Christen ganz anders handeln als andere. Wenn wir in ein wenig Verfolgung hineinkommen oder wenn etwas schief geht, beginnen wir, den Teufel zurechtzuweisen. Die Heiligen in der Apostelgeschichte sagten statt dessen: ,,Herr, sende mehr von Deiner Kraft."

Im 4. Kapitel der Apostelgeschichte lesen wir, wie Petrus und Johannes von den Hohenpriestern und Ältesten gefangen genommen wurden. Als man sie dann wieder frei ließ, forderte man von ihnen, sie sollten nicht mehr öffentlich von Jesus reden, wenn sie nicht schlimmere Strafe treffen sollte. Hört, was die Gemeinde daraufhin tat:

,,Als jene es vernommen hatten, erhoben sie einmütig ihre Stimme zu Gott und beteten: »Herr, Du bist es, der den Himmel und die Erde, das Meer und alles, was in ihnen ist, geschaffen hat; Du hast durch den Heiligen Geist zu unsern Vätern durch den Mund Davids, Deines Knechtes, gesagt: ,Was soll das Toben der Heiden und das eitle Sinnen der Völker? Die Könige der Erde erheben sich und die Fürsten rotten sich zusammen gegen den Herrn und gegen Seinen Gesalbten!' Ja, es haben sich in Wahrheit gegen Deinen heiligen Knecht Jesus, den Du gesalbt hast, in dieser Stadt Herodes und Pontius Pilatus mit den Heiden und den Volksscharen Israels zusammengetan, um alles auszuführen, was Deine Hand und Dein Ratschluß vorherbestimmt haben, daß es geschehen sollte. Und jetzt, Herr, blicke hin auf ihre Drohungen und verleihe Deinen Knechten Kraft, Dein Wort mit allem Freimut zu verkündigen! Strecke Deine Hand dabei zu Heilungen aus und laß Zeichen und Wunder durch den Namen Deines heiligen Knechtes Jesus geschehen«" (Apostelgeschichte 4, 24—30).

Sie beteten darum, daß der Herr sie mit mehr Kraft ausrüsten und neu mit dem Heiligen Geist salben sollte, und nicht darum, den Teufel zurückzuhalten. Sie baten einfach: ,,Herr, rüste uns mehr aus, damit wir Dein Wort noch lauter als bisher verkündigen können, mit noch mehr Zuversicht und noch mehr Mut." Und beachte einmal, was geschah:

„Als sie so gebetet hatten, erbebte die Stätte, wo sie versammelt waren, und sie wurden alle mit dem Heiligen Geist erfüllt und verkündigten das Wort unerschrocken" (Apostelgeschichte 4, 31).

Ich glaube, wir sollten alle um mehr Kraftausrüstung mit dem Heiligen Geist beten. Es werden bestimmt noch Zeiten kommen, wo es Kämpfe und Verfolgungen gibt. Dann werden manche Christen keine Menschen mehr für Christus gewinnen, weil sie die ganze Zeit damit beschäftigt sind, den Teufel zu binden. Verfolgungen sind manchmal gut, damit die „Lauen" entweder den Herrn wieder ernstlich suchen und neu beginnen, für Ihn zu brennen, oder damit sie ganz „kalt" werden. Unser Christenleben ist viel lebenswerter, wenn wir für Christus brennen, als wenn wir nur als so „Lauwarme" dahinleben.

Es ist wirklich an der Zeit, daß wir dem Herrn unser Leben völlig ausliefern und Ihn bitten, durch uns zu leben. Entweder Christus lebt wirklich in uns oder Er tut es gar nicht. Wie oft führen die Christen ein Leben, an dem alles andere zu sehen ist als Christus. Weil sie sich aber Christen nennen, wird Christus für ihr Leben verantwortlich gemacht, obwohl Er in solchen Christen gar nicht leben kann. Wir müssen einmal erkennen, wo unsere Probleme liegen.

Kürzlich kam jemand zu mir und sagte, er habe ein Problem mit Gott. Ich habe mit Gott noch nie Probleme gehabt. Ich hatte schon oft Probleme mit mir und habe Probleme mit dem Teufel, doch von Gott habe ich immer nur das Richtige empfangen.

Gott sagt in Seinem Wort, daß Er sich eine Gemeinde baut, der Er allezeit Sieg schenken will und bei der Er mit Seiner Herrlichkeit wohnt. Die Kraft des Herrn wird in ihrer Mitte sein. Wir brauchen die Kraft des Heiligen Geistes noch genauso wie die ersten Christen sie hatten, so daß die Stätte sich bewegte und sie das Wort Gottes mit großer Kühnheit verkündigten.

Damit wir als Christen ein solches Zeugnis für Christus werden, brauchen wir aber auch unbedingt die Liebe Gottes. Doch man kann feststellen, daß manche Menschen diese Liebe Gottes nicht vertragen. Es ist damit wie mit Insektenspray. Wenn es versprüht wird, fliegen die Moskitos davon. So kann die Liebe Gottes Menschen auch vertreiben, wenn sie nicht bereit sind, diese Liebe anzunehmen.

Wenn die Gemeinde Jesu aber wieder mit der Kraft und der Liebe Gottes erfüllt sein will, darf es in ihrer Mitte auch keine Unversöhnlichkeit mehr geben. Ich habe mich besonders mit diesem Thema beschäftigt und gefunden, daß nur der Christ ein siegreiches Leben führen kann, der auch vergeben kann. Groll und Unversöhnlichkeit sind wie Krebs in unserem Geist, in unserer Seele und auch in unserem Leib. Sie können uns nach und nach total durchdringen und zerstören.

Es gibt aber leider heute sehr viele Christen, die nicht in der rechten Freiheit Christi leben. Bei vielen von ihnen ist der Grund darin zu suchen, daß sie noch nicht begriffen haben, wie wichtig es ist, keinerlei Groll gegen andere mit sich herumzutragen. Die Wahrheit von der Kraft des Vergebens ist ihnen noch nicht groß geworden: *„Ihr werdet die Wahrheit erkennen, und die Wahrheit wird euch frei machen"* (Johannes 8, 32).

Es gibt aber auch Menschen, die wissen, daß sie vergeben sollen, und tun es doch nicht. Aber das Wort von der freimachenden Wahrheit gilt nur, wenn es in die Tat umgesetzt wird. Wie oft wird dieses Wort doch zitiert, sogar Ungläubige tun es; aber nur dieser eine Satz. Doch das war nicht alles, was Jesus sagte. Das ganze Wort lautet vielmehr:

„Wenn ihr in Meinem Wort bleibt, so seid ihr Meine

rechten Jünger und werdet die Wahrheit erkennen, und die Wahrheit wird euch frei machen" (Johannes 8, 31.32).

Siehst du, worauf es ankommt? Wir müssen in Seinem Wort bleiben, das die Wahrheit ist. Das heißt doch, wir müssen auf Sein Wort eingehen und es nicht nur hören, sonst können wir nicht Seine freimachende Kraft erfahren. Wie oft gelingt es dem Teufel, uns vorzumachen, daß es genügt, wenn wir die Wahrheit erkannt haben. Es ist wichtig, sie zu erkennen, aber dann müssen wir auch darin leben. Es ist wichtig, von der Kraft des Vergebens zu wissen, aber wir müssen Vergebung auch praktizieren, sonst werden wir keine Befreiung erleben.

2
Richte nicht

Eines der Gebiete, auf dem viele in ihrem Glaubensleben noch nicht wirklichen Sieg errungen haben, ist die Unversöhnlichkeit. Jesus sagt in Johannes 12, 47 ein sehr beachtenswertes Wort: *„Wenn jemand Meine Worte hört und sie nicht befolgt, so richte nicht Ich ihn; denn Ich bin nicht gekommen, um die Welt zu richten, sondern um die Welt zu retten."*
Als wir auf den Kaiman-Inseln das Wort Gottes verkündigten, hielten wir uns diese Worte Jesu immer vor Augen. Wir kamen in Orte, wo zwanzig Jahre lang kein Evangelium gepredigt worden war. Wir beteten mit den Kranken und teilten Lebensmittel unter sie aus, machten uns aber keine Sorgen darüber, wie es weitergehen sollte. Wir verurteilten und richteten die Leute dort aber auch nicht wegen ihres verwahrlosten Zustands. Wir sagten ihnen nur, daß diese Lebensmittel vom Herrn kämen, und es dauerte nicht lange, da wollten sie mehr von Jesus wissen. Als wir dann begannen, ihnen von Jesus zu sagen, bekehrten sich die Menschen zu Ihm.

Nochmals möchte ich an das obige Wort erinnern: *„Wenn jemand Meine Worte hört und sie nicht befolgt, so richte nicht Ich ihn."* Ich möchte, daß wir einmal über dieses Wort nachdenken, damit wir erkennen, wie wichtig es ist.

Jesus ist in Seinem Leib lebendig. Wenn du ein wiedergeborener und geisterfüllter Christ bist, dann ist die Kraft und Autorität Jesu in dir lebendig. Wenn nun diese Kraft in dir ist, dann sind es auch alle geistlichen Segnungen. Nochmals: Wo sind diese Segnungen, diese Kraft und Autorität? Antwort: In dir!

Wenn du nie wiedergeboren wurdest und nie Jesus angenommen hast, ist nichts in dir als eine große Leere. Doch auch im Blick auf diese Menschen sagt Jesus: ,,Ich richte niemand." Ganz sicher wird der Tag des Gerichts kommen, aber noch ist er nicht da.

Jesus hatte schon, als Er auf Erden war, die Macht zu richten, so wie Er sie am Gerichtstag haben wird. Jesus hatte zu jener Zeit die Macht, zu richten, aber Er tat es nicht. Wir als Christen handeln in der Autorität des Namens Jesu. Es ist wie mit der Autorität eines Bevollmächtigten. Wenn uns jemand eine Vollmacht ausgestellt hat, haben wir das Recht, im Namen dieses anderen zu zeichnen oder zu handeln.

Jesus sagt: *,,Mir ist alle Gewalt im Himmel und auf Erden verliehen"* (Matthäus 28, 18), und dann sagt Er: ,,Gehet..." Aber wir versuchen oft, jetzt schon Gericht zu halten. Wenn wir beginnen, andere Menschen zu verurteilen und zu richten (wir sollen ja bei all unserem Tun in der Autorität des Namens Jesu handeln), was geschieht dann? Wir sind nicht mehr in Seinem Willen, und Sein Friede verläßt uns. Zu richten ist nicht die Aufgabe, zu der Jesus uns hier berufen hat.

Genauso, wie wir Menschen Erlösung und Heilung durch Christus zusprechen können, können wir auch Verdammnis, Gericht und Gebundenheit über sie bringen. Vergiß nicht, wir handeln in derselben Autorität wie Jesus. Jesus lehrt uns im Blick darauf: *,,Wem immer ihr die Sünden* *vergebt, dem sind sie vergeben, und wem ihr sie behaltet, dem sind sie behalten"* (Johannes 20, 23).

Das ist ein verantwortungsvolles Wort, nicht wahr? Die Sünden, die du vergibst, sind vergeben, und jene, an denen du festhältst, werden ihnen behalten. Zu wem sprach Jesus hier? Zur Gemeinde! Also zu uns! Mit anderen Worten: Wir können andere von ihren Sünden lösen oder sie darin festhalten. Wie oft halten wir Menschen in Gebundenheit, und uns selbst ebenfalls.

Jesus redet in Matthäus 18, 23—27 über das gleiche Thema: *„Darum ist das Himmelreich einem Könige vergleichbar, der mit seinen Knechten abrechnen wollte. Als er nun mit der Abrechnung begann, wurde ihm einer vorgeführt, der ihm zehntausend Talente schuldig war."* Zehntausend Talente wären vielleicht heute eine Summe um die siebzig Millionen Mark. Ich würde sagen, das war eine ganz schöne Schuld.

„Weil er nun diese Schuld nicht bezahlen konnte, befahl der Herr, man solle ihn samt Weib und Kindern und seinem gesamten Besitz verkaufen und so Ersatz schaffen. Da warf sich der Knecht vor ihm zur Erde nieder und bat ihn mit den Worten: »Habe Geduld mit mir, ich will dir alles bezahlen.« Da hatte der Herr Erbarmen mit diesem Knecht; er gab ihn frei, und die Schuld erließ er ihm auch." Jetzt war der Schuldner also ein freier Mann. Halleluja! Frei! Doch sieh, wie es weitergeht:

„Als aber dieser Knecht hinausgegangen war, traf er einen seiner Mitknechte, der ihm hundert Denare schuldig war; den ergriff er, packte ihn an der Kehle und sagte zu ihm: »Bezahle, wenn du etwas schuldig bist!«" Diese hundert Denare würden heute vielleicht etwa 100 Mark ausmachen. Ihm selbst war gerade eine Schuld von rund 70 Millionen Mark erlassen worden, doch er ging dabei und bedrohte seinen Mitknecht für noch nicht einmal 100 Mark

mit dem Tod. Kannst du dir das vorstellen? Die Verse 29 und 30 berichten weiter:

„Da warf sich sein Mitknecht vor ihm nieder und bat ihn mit den Worten: »Habe Geduld mit mir, ich will dir's bezahlen.« Er wollte aber nicht, sondern ging hin und ließ ihn ins Gefängnis werfen, bis er die Schuld bezahlt hätte." So brachte der freie Mann den anderen ins Gefängnis — in Gebundenheit!

„Als nun seine Mitknechte sahen, was da vorgegangen war, wurden sie sehr ungehalten; sie gingen hin und berichteten ihrem Herrn den ganzen Vorfall. Da ließ sein Herr ihn vor sich rufen und sagte zu ihm: »Du böser Knecht! Jene ganze Schuld habe ich dir erlassen, weil du mich darum batest; hättest du da nicht auch Erbarmen mit deinem Mitknecht haben müssen, wie ich Erbarmen mit dir gehabt habe?« Und voller Zorn übergab sein Herr ihn den Folterknechten, bis er ihm seine ganze Schuld bezahlt hätte. Ebenso wird auch mein himmlischer Vater mit euch verfahren, wenn ihr nicht ein jeder seinem Bruder von Herzen vergebt."

Es gibt viele Menschen, die haben erlebt, wie Jesus sie frei gemacht hat. Doch viele davon leben trotzdem nicht in dieser wunderbaren Freiheit, weil sie anderen nicht vergeben können. Wenn dir Jesus Erlösung geschenkt hat, kannst du sie nur behalten, wenn du deinem Nächsten vergibst. Unversöhnlichkeit ist ein Luxus des Fleisches, ein Luxus, den du dir nicht leisten kannst. Es mag deinem alten Wesen eine gewisse Befriedigung geben, wenn du etwas gegen andere vorzubringen hast, aber es wird dein Leben zerstören.

Dem ersten Knecht in unserem Gleichnis wurde völlig vergeben. Er war frei! Doch dann packte er seinen Mitknecht, würgte ihn und brachte ihn ins Gefängnis. Daraufhin wurde er selbst ins Gefängnis geworfen. Beide endeten in Gefangenschaft. Beide endeten in Gebundenheit. Der

Knecht, dem vergeben war, hätte seinem Mitknecht die Hand reichen können und zu ihm sagen: „Ich vergebe dir." So wären sie beide als freie Männer weitergegangen. Statt dessen endeten beide in Gebundenheit. Siehst du nun, wie du jemand gebunden halten kannst?

Solange wir unserem Nächsten nicht wirklich vergeben, hindern wir auch die Gemeinde an der wahren Einheit. Wir halten den anderen und uns selbst gebunden; doch davon, ob wir vergeben oder nicht vergeben wollen, hängt noch viel mehr ab, als nur wir selbst. Wenn wir vergeben, geben wir nicht nur uns, sondern auch unseren Nächsten frei. Jesus sagt, wenn du ihm die Sünde behältst, ist sie behalten. Er selbst sagte, als Er am Kreuz hing: *„Vater, vergib ihnen..."* (Lukas 23, 34), und es wurde ihnen vergeben.

Als Jesus Lazarus aus dem Grab rief, nannte Er ihn beim Namen. Würde Er das nicht getan haben, wären alle Toten gekommen. Als Jesus den Vater bat, die Sünden zu vergeben, wurden alle Sünden, für die in Jesu Namen gebetet wird, vergeben. Heute ist es die Gemeinde, die im Namen Jesu wirkt. Wer muß also heute Vergebung zeigen? Damals vergab Jesus, unser Herr; und heute haben wir es zu tun. Wir sind daher aber auch die, die andere in ihren Sünden festhalten können. Es ist wirklich Zeit, daß wir begreifen, was Gott über Vergebung und Befreiung zu sagen hat.

Ich weiß, daß es nicht immer einfach ist, das zu tun, was der Herr fordert. Doch wenn du in deinem Leben Sieg haben willst, dann wird die Wahrheit des Wortes Gottes dich frei machen — völlig frei! Wenn wir das wirklich erkennen, werden wir auch bereitwilliger tun, was Gott von uns fordert.

Das nächste, worauf ich dich aufmerksam machen möchte, ist, daß es gar nicht darauf ankommt, was die Ursache für Unversöhnlichkeit gewesen ist. Es kommt hier nicht darauf an, wer recht hatte und wer unrecht; die Frage ist, ob wir vergeben können. Wir sollten als erstes sehr darauf achten, daß unser Verhältnis zu Gott in Ordnung ist. Unser Verhältnis zu unseren Brüdern und Schwestern ist direkt davon abhängig, wie unser Verhältnis zu Gott ist. Johannes sagt: *„Wenn jemand behauptet: »Ich liebe Gott«, und doch seinen Bruder haßt, so ist er ein Lügner"* (1. Johannes 4, 20).

Viele Leute haben ihre Entschuldigung schon fertig. Sie rechtfertigen ihre Unversöhnlichkeit und ihren Groll mit den Worten: „Ich war im Recht..." oder: „Es war doch sein Fehler..." oder vielleicht: „Sie ist doch an allem schuld...". War Jesus im Recht oder hatte Er unrecht getan? Er ist der einzige Mensch, der nie einem anderen unrecht tat. Er war immer im Recht. Und doch sagte Er: „Vater, vergib ihnen..."

Hast du in der Apostelgeschichte schon einmal die Predigt gelesen, die Stephanus hielt? Er stand dabei unter der Salbung des Geistes. Er predigte von Abraham und seinen Nachfolgern, und dann von Moses und von der Stiftshütte in der Wüste. Dann redete er davon, wie Salomo einen Tempel für Gott baute. Endlich wies er seine Zuhörer auf die Tatsache hin, daß Gott nicht in Tempeln wohnt, die von Menschenhand gemacht sind, sondern in uns. Er beschuldigte dann seine Zuhörer, sie seien halsstarrig, hartherzig und nicht bereit, auf das zu hören, was Gott ihnen zu sagen hatte, sondern widerstrebten immer wieder dem Heiligen Geist, wie ihre Väter dies schon getan hatten.

Als sie sich das anhören mußten, wurden sie zornig auf ihn und begannen Stephanus zu bedrohen. Dann lesen wir: *„Stephanus aber, voll Heiligen Geistes, blickte fest zum Himmel empor, sah die Herrlichkeit Gottes und Jesus zur Rechten Gottes stehen"* (Apostelgeschichte 7, 55). Er sagte den Umstehenden, was er sah, und das machte sie nur noch wütender. Dann packten sie ihn und zerrten ihn aus der Stadt hinaus. Dort legten sie ihre Überkleider vor den

Füßen Sauls ab (er wurde später der große Apostel, der große Teile des Neuen Testaments schrieb) und steinigten Stephanus.

Weißt du, was Stephanus dann tat? Er kniete nieder und rief mit lauter Stimme: *„Herr, rechne ihnen diese Sünde nicht zu"* (Vers 60).

Wurde Stephanus ungerecht behandelt? Ganz gewiß! Er war der einzige in der ganzen Menge, der recht tat, und doch steinigten sie ihn zu Tode. Doch er schaute auf zum Himmel; und als er Jesus sah, sagte er zu Ihm: Beschuldige sie nicht ... vergib ihnen.

Es kommt nicht darauf an, wer im Recht ist und wer im Unrecht. Unser natürlicher Sinn sagt immer, jemand anders ist im Unrecht. Doch löse dich völlig von diesem Denken. Das ist des Teufels Weise, deine eigene Unversöhnlichkeit zu rechtfertigen. Hätte Jesus, als Er am Kreuz hing, nicht gesagt: „Vater, vergib ihnen", wären wir immer noch in derselben Lage, in der die Menschen waren, ehe Er starb. Doch die Tatsache bleibt bestehen: Er sprach diese Worte. Er vergoß Sein Blut, und Sein Wort gilt immer noch. Er war im Recht, und doch ... Er vergab uns!

Petrus schreibt zu diesem Thema: *„Denn das ist Gnade, wenn jemand im Gedanken an Gott Trübsale geduldig erträgt, sofern er unschuldig leidet. Denn was ist das für ein Ruhm, wenn ihr geduldig aushaltet, wo ihr euch vergeht und dann gezüchtigt werdet? Aber wenn ihr geduldig aushaltet, wo ihr trotz eures guten Verhaltens leiden müßt, das ist Gnade bei Gott. Denn dazu seid ihr berufen worden, weil auch Christus für euch gelitten und euch ein Vorbild hinterlassen hat, damit ihr Seinen Fußtapfen nachfolgt"* (1. Petrus 2, 19—21).

Wenn wir recht tun und trotzdem leiden müssen, so wird Gott dadurch geehrt. Und Sein Wort sagt uns, wir sollen vergeben, ganz gleich, wer immer Schuld hat. Und wenn wir vergeben, auch da, wo wir im Recht sind, dann will

Gott uns dafür segnen und verherrlichen. Jesus ist mit Seiner Vergebungsbereitschaft unser Beispiel. Wir sollen tun, wie Er getan hat, und auch vergeben, ganz gleich, wer im Recht ist.

Wir wollen noch einiges betrachten, was Jesus zu unserem Thema zu sagen hat. In der Bergpredigt sagt Er: *„Wenn du also deine Opfergabe zum Altar bringst und dich dort erinnerst, daß dein Bruder etwas gegen dich hat..."* (Matthäus 5, 23). Beachte bitte, Er redet hier davon, daß dein Bruder etwas gegen dich hat. Es geht nicht darum, daß du etwas gegen deinen Bruder hast, sondern daß du weißt, er hat etwas gegen dich! Bist du schon einmal in einer solchen Situation gewesen?

Du erinnerst dich vielleicht an eine zerbrochene Freundschaft oder Bekanntschaft zwischen dir und jemand anders; und wenn du genau nachdenkst, kannst du wirklich sagen, daß du eigentlich gegen den anderen nichts im Herzen hast, sondern daß der andere der Schuldige an diesem zerbrochenen Verhältnis ist. Doch du denkst jetzt an die Tatsache, daß dein Bruder etwas gegen dich hat. Jesus sagt dann in Vers 24 weiter: *„So laß deine Gabe dort vor dem Altar und gehe zunächst hin und versöhne dich mit deinem Bruder; alsdann geh hin und opfere deine Gabe."*

Verstehst du nun, was Gott hier sagt? Wenn du weißt, daß jemand etwas gegen dich hat, dann komme nicht mit deinen Hallelujas und Lobpreisungen daher, bis du alles getan hast, dieses Verhältnis wieder in Ordnung zu bringen. Christentum ist nicht in erster Linie eine Religion der richtigen Lehrsätze, sondern eine Religion der richtigen Gemeinschaft zwischen dir und Gott und zwischen dir und deinen Mitmenschen.

Die Bibel sagt, du sollst erst zu deinem Nächsten gehen und dich mit ihm versöhnen und dann zum Altar Gottes kommen. Komme herbei und preise Gott, wenn die Unversöhnlichkeit aus deinem Herzen ist und du dich selbst und deinen Bruder freigelassen hast. Vergib deinem Bruder und setze ihn damit frei. Indem du zu ihm gehst und dein Verhältnis mit ihm ordnest, setzt du nicht nur ihn frei, sondern versicherst dich auch deiner eigenen Freiheit und Erlösung.

Vor einigen Jahren war ich mit drei Brüdern in Christo in Texas. Einer von ihnen fühlte im Herzen den Auftrag, dort in Texas ein neues Werk für den Herrn zu beginnen. Wir beteten gemeinsam über diese Sache.

Nachdem wir die Leitung des Heiligen Geistes ernstlich gesucht hatten, konnten wir drei anderen nicht zu der Überzeugung kommen, daß wir in diesem neuen Werk eine Aufgabe hätten. Wir fühlten, daß unser Bruder, der den Auftrag verspürte, beginnen sollte, wir anderen wollten dafür beten und alles tun, was wir konnten, um ihm zu helfen. Nach dieser Entscheidung gingen wir alle wieder an unsere Aufgaben.

Bei dieser ganzen Sache schien nichts Schädliches oder gar Böses dabei zu sein, und keiner von uns Dreien dachte noch viel darüber nach. Doch zu dem Bruder, der in Texas blieb, kam der Teufel (der Verkläger der Brüder) und flüsterte ihm ins Ohr: ,,Siehst du, diese Kerle wollen mit dir nichts zu tun haben, deshalb lassen sie dich auch in dieser Aufgabe allein." Und diese Gedanken begannen sich in seinem Geist und seiner Seele festzusetzen.

Ich wußte überhaupt nicht, mit welchen Problemen mein Bruder zu kämpfen hatte, doch irgendwie war mir klar, daß etwas nicht in Ordnung war. Ich mußte an das Bibelwort denken, wenn dein Bruder etwas gegen dich hat. Der Herr legte mir dieses Wort immer wieder ins Herz.

Weil mich der Gedanke nicht in Ruhe ließ, nahm ich endlich Verbindung zu den beiden anderen Brüdern auf und bat sie, mich in der betreffenden Stadt in Texas zu treffen. Nachdem wir zusammengekommen waren, riefen wir unseren Freund und Bruder an, der nun in der Stadt für Jesus arbeitete, und baten ihn, weil wir doch in der Stadt wären, mit uns zu essen. Er stimmte zu.

Wir trafen uns in einem Restaurant, aßen zusammen, lachten zusammen, erzählten uns gegenseitig unsere Erlebnisse und verbrachten eine wunderbare Zeit miteinander. Dann sagte ich: „Unsere Gemeinschaft ist nicht mehr so, wie sie sein sollte. Ich weiß nicht, warum, doch das spielt auch keine Rolle. Was immer ich dir getan haben könnte, das nicht in Ordnung war, ich möchte, daß du es mir vergibst. Was deine Gefühle auch verletzt haben mag, ich bitte dich um Vergebung."

Und da begann er sein Herz zu erleichtern und sagte uns, was er gegen uns empfunden hatte. Es war nicht die Frage, ob ich unschuldig war oder nicht. Worauf es ankam, war, daß er mir vergab! Kannst du sehen, worauf es ankommt? Es geht nicht darum, daß wir nachweisen können, daß wir Recht haben, sondern es geht darum, daß wir bereit sind, zu vergeben.

Die brüderliche Gemeinschaft mit unserem Bruder wurde völlig erneuert und hält bis auf den heutigen Tag durch die Gnade der kompletten Vergebung in Jesus Christus.

3

Liebet eure Feinde

Jesus kommt einmal für Seinen verherrlichten Leib wieder, für eine Gemeinde ohne Flecken und Runzeln; für eine Gemeinde, in der die Schranken zwischen Brüdern niedergebrochen sind und wo man sich untereinander nicht mehr bekämpft. Wir werden in der heutigen Zeit wahrscheinlich nie in allen Dingen übereinstimmen, denn in Lehrfragen gibt es manchmal unterschiedliche Meinungen, doch wir können alle der Tatsache zustimmen, daß Jesus Christus der Herr und der einzige Weg zum Himmel ist.

Wenn wir unsere Aufmerksamkeit und unsere Augen auf Jesus gerichtet halten und lernen, unseren Herrn auch in unseren Brüdern und Schwestern zu sehen, werden wir sicher noch viel besser als bisher miteinander zurecht kommen. Ich glaube, daß wir oft nicht sehr viel von dem verstehen, was Gott uns sagen will, weil wir nicht bereit sind, uns auch von anderen einmal etwas sagen zu lassen. Und dies wiederum liegt daran, weil wir unseren Mitmenschen gegenüber zu überheblich sind. Wenn wir glauben, daß wir besser oder geistlicher sind als die anderen, werden wir von ihnen nichts annehmen.

Jesus wurde der Geringste unter den Menschen, um der Größte zu werden. Er hat uns aufgefordert, von Seinem

Beispiel zu lernen und uns zum Dienen berufen. Wenn wir in allem bereitwillig auf den Herrn warten, können wir Ihm auch recht dienen, und Er wird uns dazu immer neue Kraft schenken. Durch die Kraft, die Er uns verleiht, werden wir dann in der Lage sein, die Aufgaben zu erfüllen, die Er uns gibt. Im Propheten Jesaja wird uns dies klar gezeigt: *„Die auf den Herrn harren, gewinnen neue Kraft, daß ihnen neue Schwingen wachsen wie den Adlern, daß sie laufen und nicht müde werden, daß sie wandern und nicht ermatten"* (Jesaja 40, 31).

Auch im Vaterunser, in Matthäus 6, lehrt Jesus uns etwas über Vergebung. Er sagt dort, daß wir unseren Schuldnern so vergeben sollen, wie uns unsere Schuld vergeben wurde. Dann fährt Er fort und sagt, wenn wir den Menschen ihre Übertretungen vergeben, wird unser himmlischer Vater uns auch die unseren vergeben. Wenn wir aber den Menschen nicht vergeben, dann wird der Vater im Himmel auch uns nicht vergeben.

Ich habe Christen gefunden, die vom Teufel überwunden wurden. Sie tragen immer noch Sünden in ihrem Leben mit sich herum, weil ihr Herz mit Groll, Haß und Unversöhnlichkeit erfüllt ist. Jesus lehrt klar und deutlich, daß unsere Vergebungsbereitschaft viel mit dem zu tun hat, was wir sagen. Im Matthäusevangelium finden wir darüber wichtige Worte: *„Ihr Schlangenbrut, wie solltet ihr imstande sein, Gutes zu reden, da ihr doch böse seid? Denn wovon das Herz voll ist, davon redet der Mund. Ein guter Mensch bringt aus der guten Schatzkammer seines Herzens Gutes hervor, während ein böser Mensch aus seiner bösen Schatzkammer Böses hervorbringt. Ich sage euch aber: Von jedem unnützen Wort, das die Menschen reden, davon werden sie Rechenschaft am Tage des Gerichts zu geben haben; denn nach deinen Worten wirst du gerechtgesprochen werden, und nach deinen Worten wirst du verurteilt werden"* (Matthäus 12, 34—37).

Wenn man mit Menschen um ihre Heilung und Befreiung betet, kann man manchmal *hören*, wie es besser mit ihnen wird. Ich meine das so, wie ich es sage: Du kannst buchstäblich *hören*, wie sie heil werden.

Ich denke da gerade an einen jungen Mann, der den Vietnam-Krieg mitgemacht hat. Er wurde dort schwer verwundet und war körperlich und seelisch völlig zerstört. Als er vor etwa einem Jahr zu mir kam, war sein Herz mit Haß erfüllt. Doch Preis sei dem Herrn, dieser junge Mann machte ernst mit Gott, und Jesus rettete ihn. Er wurde in Wasser getauft und eine kurze Zeit später mit dem Heiligen Geist erfüllt.

Eine Landmine war neben ihm explodiert und hatte die Trommelfelle seiner Ohren zerstört, so daß es in seinen Ohren fortwährend rauschte. Doch nachdem er Jesus sein Leben übergeben hatte, heilte Gott seine Trommelfelle, und auch das Rauschen verschwand. Außerdem hatte er sein Augenlicht verloren und war an einem Arm schwer operiert worden, so daß dieser Arm etwa 5 cm kürzer war als der andere. Doch auch dieser Arm ist wieder gewachsen und jetzt wieder gleichlang mit dem anderen.

Hört man heute diesem jungen Mann zu, wenn er etwas erzählt, dann kann man buchstäblich hören, wie er innerlich und äußerlich immer mehr gesundet. Seine Seele ist geheilt und sein Geist ist erneuert worden. Seine Worte sind immer ein Zeugnis der heilenden und befreienden Kraft Jesu Christi. Bei ihm ist wahr geworden, daß von ihm Ströme lebendigen Wassers fließen. Ich bin sicher, Gott wird ihn noch völlig heilen, weil er Ihn in sich wirken läßt. Was er redet, ist Wahrheit von Gott. Da, wo er früher Worte des Hasses und der Menschenverachtung redete, bringt er jetzt seine Liebe seinen Mitmenschen gegenüber zum Ausdruck.

Natürlich sagt uns die Bibel, daß unser Glaube vom Hören des Wortes Gottes kommt. Die meisten von uns lesen diesen Vers und meinen, es genüge also, zum Gottesdienst zu gehen und der Predigt zuzuhören. (Ich möchte hier nicht falsch verstanden werden. Es ist sehr nötig, daß wir zum Gottesdienst gehen und dem Worte Gottes lauschen!) Doch häufig wird unser Glaube noch viel mehr durch das Zeugnis gestärkt, das unsere Ohren aus unserem eigenen Mund hören. Wir müssen selbst auch von Gott reden, damit unser Glaube erbaut wird. Und zwar sollten wir die guten Dinge reden, wir sollten segnen und nicht fluchen.

Jesus lehrt in der Bergpredigt sehr viele praktische und notwendige Dinge. Er sagt: *„Euch aber, meinen Hörern, sage Ich: »Liebet eure Feinde, tut denen Gutes, die euch hassen, segnet die, welche euch fluchen, betet für die, welche euch anfeinden«"* (Lukas 6, 27—28). Gibt es nicht auch in unserem Leben eine Anzahl Menschen, auf die zutrifft, was Jesus hier sagt?

Viele gehen umher und wollen mit Dämonen kämpfen und die Teufel austreiben, haben aber nicht gelernt, die zu segnen, die ihnen fluchen, und für die zu beten, die sie anfeinden. Doch ehe du in deinem Leben nicht den Willen Gottes tun kannst, brauchst du auch nicht an das Austreiben von Dämonen zu denken. Manchmal versuchen wir, uns Autorität über etwas anzumaßen, worüber wir keine Autorität haben, weil wir nicht im Willen Gottes sind. Wenn jemand uns flucht, möchten wir ihm am liebsten wieder fluchen, und räumen so dem Teufel Raum ein. Glaubst du, der Herr kann uns segnen, wenn wir in einer solchen Haltung bleiben?

Der Herr sagt uns, wir sollen die segnen, die uns fluchen. Wenn wir dies tun, können wir die Macht des Teufels besiegen und Autorität über ihn gewinnen. Doch ehe wir nicht die segnen, die uns fluchen, können wir auch nicht in der Autorität Christi den Teufel binden.

Jesus setzt in Lukas 6 Seine Rede mit folgenden Worten fort: *„Wer dich auf die Wange schlägt, dem halte auch die andere hin, und wer dir den Mantel wegnimmt, dem ver-*

weigere auch den Rock nicht. Jedem, der dich bittet, dem gib, und wer dir das Deine nimmt, von dem fordere es nicht zurück. Und wie ihr von den Leuten behandelt werden wollt, ebenso behandelt auch ihr sie. Denn wenn ihr die liebt, die euch lieben, welchen Dank habt ihr dann? Auch die Sünder lieben ja die, welche ihnen Liebe erweisen. Und wenn ihr denen Gutes erweist, die euch Gutes tun, welchen Dank habt ihr dann? Auch die Sünder tun dasselbe. Und wenn ihr denen leiht, von denen ihr zurückzuerhalten hofft, welchen Dank habt ihr dann? Auch die Sünder leihen den Sündern, um ebensoviel zurückzuerhalten. Nein, liebet eure Feinde, tut Gutes und leihet aus, ohne zurückzuerwarten" (Lukas 6, 29—35).

Erinnerst du dich noch, als du das letzte Mal jemand böse warst, weil er dir nicht zurückgab, was du ihm geliehen hattest? Leihe aus und erwarte nichts zurück, sagt Jesus.

Es ist ungefähr zwei Jahre her, als ich einmal in unserer Gemeinde über dieses Wort sprach. Meine Frau Phyllis war auch zum Gottesdienst, und dem Heiligen Geist gelang es, ihr dieses Wort besonders eindringlich klar zu machen: Leihe und erwarte nichts zurück.

Phyllis dachte darüber nach, wie oft sie sich über die Leute ärgerte, denen sie Bücher, Schallplatten oder Tonbänder geliehen hatte, und die vergessen hatten, diese zurückzugeben. ,,O Gott", betete sie, ,,vergib mir meinen Ärger und vergib allen, die etwas von mir geliehen und es nicht zurückgegeben haben." Noch während ich predigte, sandte sie dieses einfache aber aufrichtige Gebet zu Gott. Doch nach Beendigung des Gottesdienstes vergaß sie, mir zu erzählen, daß das Wort sie besonders getroffen hatte und wie sie sich im Gebet darunter gestellt hatte.

Als wir am nächsten Sonntag vormittag die Kirche betraten, rief eine Freundin: ,,Phyllis, ich habe etwas für dich." Sie kam zu uns und fuhr fort: ,,Als ich gestern einige Schubfächer aufräumte, fand ich diese drei Kassetten, die dir gehören." Damit überreichte sie Phyllis drei Tonbandkassetten. „Es tut mir wirklich sehr leid, daß sie so lange bei mir gelegen haben, aber ich hatte total vergessen, daß sie noch bei mir waren. Bitte, verzeih mir."

Phyllis hatte ein wissendes Lächeln auf ihren Lippen und antwortete: „Sei nur beruhigt, ich verzeihe dir und trage dir bestimmt nichts nach."

Phyllis übergab mir die Kassetten und wir gingen weiter. Doch da hielt mich ein Freund an und meinte: „Ich gebe dir hier das Buch zurück, das Phyllis mir letzten Monat geliehen hat. Es ist wirklich gut. Es tut mir leid, daß ich es nicht schon eher zurückbrachte." Damit übergab er mir das Buch. Wieder lächelte Phyllis ganz eigenartig.

Von diesem Augenblick an kam ich mit dem Zählen nicht mehr mit. Einer nach dem anderen kam. Eine mit einem halben Dutzend Kassetten und vier Büchern, einer mit zwei Büchern, andere mit einer oder mehreren Kassetten oder Büchern. Es war einfach unglaublich.

„Was ist eigentlich los?" fragte ich Phyllis, und wieder antwortete sie mit diesem wissenden Lächeln.

Als wir endlich saßen und der Gottesdienst begann, sah es aus, als könnten wir dort in der Bank eine Leihbücherei aufmachen. Wir hatten vielleicht über zwei Dutzend Bücher gestapelt. Es sah fast so aus, als ob die halbe Gemeinde irgend etwas von uns geliehen hatte.

Als der Gottesdienst vorbei war, trug ich zwei Arme voll Bücher und Kassetten zu unserem Wagen. Dann wandte ich mich an Phyllis und fragte nochmals nachdrücklich: „Was ist eigentlich los? Ich habe so etwas noch nie erlebt, und du sitzt nur da, lächelst und machst ein Gesicht wie die Katze, die den Kanarienvogel gefressen hat."

„Erinnerst du dich noch daran, daß du letzten Sonntag über Vergebung gepredigt hast?" fragte sie. Ich nickte. „Du erwähntest auch, daß Jesus sagt, wir sollen leihen, ohne etwas zurückzuerwarten." Wieder nickte ich.

„Nun, dieses Wort traf mich. Ich begann noch während deiner Predigt zu beten und vergab allen, die Dinge von mir geliehen und noch nicht zurückgegeben hatten", fuhr sie fort. „Als ich ihnen vergab, muß das irgendwie befreiend in ihrem Leben gewirkt haben. Ich hatte sie wohl vorher durch meinen Ärger über sie gebunden."

Welch eine Wahrheit hatte sie doch über die Vergebungsbereitschaft gelernt. Jetzt begriff ich auch, was vorgegangen war. Ich verstand nun, warum all diese Kassetten und Bücher plötzlich zu uns zurück kamen. Unversöhnlichkeit hatte den Kanal verstopft, doch die Bereitschaft zur Vergebung hatte ihn wieder geöffnet.

Kürzlich besuchte ich eine andere Person, die fast ihre Gemeinschaft mit Gott verloren hätte, weil jemand ihr eine ganz besondere neue Bibelübersetzung nicht zurückbrachte, die sie geliehen hatte. Würden wir geben und uns keine Sorgen machen und auch nichts zurückerwarten, dann könnten wir in solche Schwierigkeiten gar nicht erst hineingeraten. Genau das wollte Jesus uns im sechsten Kapitel des Lukasevangeliums lehren. Nachdem Er gesagt hatte: *„Leiht aus, ohne zurückzuerwarten...",* fährt Er in den Versen 35 und 36 fort: *„Dann wird euer Lohn groß sein, und ihr werdet Söhne des Höchsten sein; denn Er ist gütig gegen die Undankbaren und Bösen. Seid barmherzig, wie euer Vater barmherzig ist."*

Hast du genau beachtet, was Jesus hier sagt: *„Denn Er ist gütig gegen die Undankbaren und Bösen"?* Unser Problem ist, daß wir mit all denen freundlich sein wollen, die Jesus nachfolgen und sich aufrichtig bemühen, nach Seinem Vorbild zu leben. Doch was ist mit denen, in deren Leben es noch nicht so ist?

Doch noch wichtiger wird die Frage im Blick auf die Trinker und anderen Sünder auf der Straße, die noch nicht einmal gerettet sind. Was ist mit denen, die das Gegenteil von dem tun, was Gott will? Was ist mit denen, die sich in

Zauberei und ähnliche Sünden eingelassen haben? Was ist mit dem Medium des Spiritistenzirkels in deiner Nachbarschaft?

Eine ganze Anzahl Christen binden diese Menschen dadurch, daß sie sie verurteilen und verdammen, und es auf diese Weise noch viel schwerer machen, als es so schon ist, daß sie gerettet werden. Seid barmherzig, wie euer Vater barmherzig ist.

Jesus sagt dann in Vers 37 weiter: *„Und richtet nicht, dann werdet ihr auch nicht gerichtet werden; und verurteilt nicht, dann werdet ihr auch nicht verurteilt werden; laßt eure Schuldner frei, dann werdet ihr auch freigelassen werden."*

Warum, glaubst du, hat Jesus diese Worte gesagt? Weil Er weiß, was mit uns geschieht, wenn wir beginnen, dies zu tun. Er weiß: Wenn wir die Menschen richten und verurteilen, dann legen wir Bindungen auf sie und engen ihre Freiheit ein, zu Jesus zu kommen.

Am Ende dieses Abschnitts sagt Jesus dann: *„. . . dann werdet ihr auch freigelassen werden. Gebt, dann wird auch euch gegeben werden; ein reichliches, festgedrücktes, gerütteltes und übervolles Maß wird man euch in den Schoß schütten; denn mit demselben Maß, mit dem ihr zumeßt, wird euch wieder zugemessen werden"* (Vers 38).

Ich kenne Christen, die sich wundern, warum sie mit vielen Leuten nicht zurechtkommen. Das liegt daran, weil sie ungefähr die Hälfte aller Menschen in der Stadt richten und verurteilen und diese Haltung dann wieder auf sie zurückfällt. Es fiel auf sie zurück, weil sie damit begannen, andere Menschen zu binden und deshalb selbst in Gebundenheit endeten.

Jesu Lehre ist so stark, daß ich glaube, die meisten Leute haben noch gar nicht begonnen zu verstehen, was Er über die richtige Beziehung der Menschen zueinander sagt. Im

Blick auf die Vergebungsbereitschaft ist recht klar zu erkennen, daß es Jesus nicht darum geht, ob wir recht haben oder nicht. Er redet nicht davon, ob wir im Recht sind, sondern davon, ob wir vergeben wollen, wenn wir im Recht sind und die andere Person im Unrecht ist.

Ein Mann, der die Wahrheit dieses biblischen Prinzips entdeckte, ist einer unserer besten Freunde, George Clouse. George ist Methodist, der vor etwa vier Jahren die Taufe im Heiligen Geist empfing. Er ist einer der liebenswürdigsten Christen, die ich kenne. Seine lebensprühende Frau, Mary Jo, ist unsere sehr fähige Mitarbeiterin.

George und Mary Jo haben ein feines christliches Heim und zwei gut erzogene Kinder im Teenager-Alter. Doch mit sein größter Kummer ist, daß er seine drei anderen, schon erwachsenen Kinder in einem unchristlichen Haus erzogen hatte, da er selbst erst zu Jesus gekommen war, als sie alle drei schon ihre eigenen Familien hatten.

Doch George glaubte, daß auch seine drei ungläubigen Kinder noch zu Christus finden würden. Nach nicht langer Zeit bekehrten sich auch seine beiden älteren Töchter und ihre Männer zu Jesus. Doch der älteste Sohn, Bill, schien ein hoffnungsloser Fall zu sein. Bill ist ein großer, stämmiger Mann, der Motorräder liebt und unter anderem auch als Rausschmeißer in einer Bar gearbeitet hat. Irgendeine Art von Religion war wohl das Letzte, was ihm in den Sinn gekommen wäre, und er machte einen weiten Bogen um jede Kirche. Dies war natürlich für George und Mary Jo eine große Enttäuschung.

Als ich in einem Gottesdienst über Vergebung predigte, begann George zu begreifen, daß er Bill und seine Frau für ihre schlechte Lebensweise verurteilt hatte.

Als der Gottesdienst vorüber war, suchten George und Mary Jo zusammen das Angesicht Gottes und vergaben im Gebet Bill und seiner Frau. „Wir haben sie gerichtet und verdammt, obwohl wir ihnen hätten vergeben sollen", sagte

George mir später. „Doch an jenem Abend änderten wir vor Gott unsere Haltung und haben sie nie wieder verurteilt."

Noch keine Woche später, nachdem sie „vergeben" hatten, kam Bills Frau das erste Mal mit ihnen zum Gottesdienst. Die Woche darauf kam Bill in das Büro seines Vaters und unterhielt sich mit ihm mehr als eine Stunde darüber, ob Gott wirklich existiert und was ihm in seinem eigenen Leben fehlte. George forderte ihn auf, an vier Sonntagen hintereinander mit zum Gottesdienst zu kommen, um so selbst herauszufinden, ob Gott ihm begegnen und sich seiner Nöte annehmen würde. Bill nahm diese Herausforderung an.

An den nächsten vier Sonntagen war Bill jeden Vormittag zum Gottesdienst, so wie er es versprochen hatte. An dem dem letzten Sonntag folgenden Mittwoch abend rief er seinen Vater noch nach 22 Uhr an, und George konnte ihn am Telefon zum Herrn führen. Bald darauf wurden Bill und seine Frau getauft und dienen seitdem eifrig dem Herrn. Bill und seine Frau hatten irgendwie innerlich empfunden, wie sie von ihren Eltern gerichtet und verurteilt wurden, und das hatte in ihnen besonders starken Widerstand geweckt. Und nun hatten sie Erlösung gefunden, weil George und Mary Jo sie als erstes von den Banden der Verurteilung und von der Macht der Unversöhnlichkeit freigelassen hatten, so daß sie zum Herrn kommen konnten. Preis sei Gott! Durch die Bereitschaft zur Vergebung konnte Er wirken.

Einige Zeit später rief Mary Jo's Mutter bei ihr an und klagte, daß sie in der Nacht vorher nicht gut geschlafen habe, weil sich unter der Straßenlaterne vor ihrem Fenster eine Gruppe junger Männer gesammelt hatte, die fast die ganze Nacht Lärm machten. Außerdem hatten sie das schon öfter getan, so daß die Mutter schon einigemale die Polizei angerufen hatte. Doch ehe die kam, waren die jungen Männer jedesmal verschwunden, so daß bisher nichts gegen die Strörenfriede unternommen werden konnte.

Mary Jo, die die Wahrheit des Vergebens selbst erlebt hatte, sagte ihrer Mutter, sie solle nicht mehr ärgerlich sein auf die jungen Leute, sondern ihnen vergeben. Die Mutter war offensichtlich nicht allzu begeistert von diesem Rat, stimmte aber endlich zu, es mit Gottes Hilfe zu versuchen. Und was soll ich sagen: Das war die Lösung des Problems.

Nachdem sie im Gebet Gott gesucht hatte und den jungen Leuten vergab, änderten diese sofort ihre Gewohnheiten. Einer von ihnen bekehrte sich eine Woche später zu Jesus. Jetzt glaubt Mary Jo's Mutter auch daran, daß in der Bereitschaft zur Vergebung gewaltige Möglichkeiten freigesetzt werden, durch die Gott wirken kann.

Ich hörte von einem Mann in England, der bestimmter Umstände wegen seine Schwägerinnen in sein Haus aufnehmen mußte. Er war ein ernster Christ und aufrichtiger Christusnachfolger. Seine Schwägerinnen waren noch Teenager und führten einen sehr weltlichen Wandel. Er begann, über sie zu klagen und verurteilte ihre Lebensweise die ganze Zeit. Sie gingen tanzen und zu anderen Vergnügungen, und er kritisierte und verdammte sie.

Eines Tages redete Gott zu ihm und zeigte ihm, daß er die beiden Mädchen nicht verurteilen, sondern ihnen vergeben sollte. Er hatte sich über sie geärgert und ihnen gegrollt. Doch jetzt betete er: ,,Herr, vergib mir meinen Groll, ich vergebe den beiden von ganzem Herzen."

Gott redete nun wieder mit ihm und sagte: ,,Schau einmal hinaus, es regnet in Strömen. Wenn du ihnen wirklich vergeben hast, dann nimmst du jetzt Regenschirme und Überschuhe und holst sie von der Bahnstation ab."

Der Mann ging die fast zwei Kilometer zur Station und wartete dort im Regen, bis der Zug kam. Als er die beiden Mädchen sah, sagte er: ,,Ich habe euch Schirme und Überschuhe gebracht und bin gekommen, um euch heimzubegleiten."

Die beiden waren so beeindruckt, daß sie ihr Leben Jesus auslieferten.

4
Vergebungsbereitschaft in meiner Familie

Ich entdeckte, daß durch Vergebungsbereitschaft nicht nur andere gesegnet wurden, sondern daß dies in unserer eigenen Familie auch geschah. *„Richtet nicht, dann werdet ihr auch nicht gerichtet werden; und verurteilt nicht, dann werdet ihr auch nicht verurteilt werden; laßt eure Schuldner frei, dann werdet ihr auch freigelassen werden"* (Lukas 6, Vers 37).

Oft erinnerte mich der Heilige Geist an dieses Wort und sagte dann jedesmal zu mir: „Wie ist das denn mit deiner Schwester Rebekka?"

Rebekka war immer ein recht sorgloses Mädchen gewesen, das viel Abwechslung und Zerstreuung suchte. Als sie in ihre Teenager-Jahre kam, wurde sie sehr rebellisch und geriet in schlechte Gesellschaft. Ihre Ehe wurde schrecklich und endete mit Scheidung. Und nun führte sie ein recht wildes Leben ohne Gott. Unsere Eltern hatten alles getan, um uns christlich zu erziehen und hatten uns immer auf den rechten Weg hingewiesen. Ich selbst hatte Rebekka für die Art, wie sie lebte, gerichtet und hart verurteilt.

Nun machte der Heilige Geist mir klar, daß ich meine Schwester durch meine Haltung ihr gegenüber in Bindungen hineingebracht hatte. An dem Abend, als mir dies ins

Herz gegeben wurde, ging ich im Gebet zu Gott, bat um Vergebung und ließ sie innerlich frei. Ich nahm mir fest vor, sie nie wieder zu verurteilen.

Du magst es glauben oder nicht, aber noch am gleichen Abend spät klingelte bei uns das Telefon. Es war meine Schwester Rebekka, die von weit her, von Indiana, anrief. Sie weinte und hatte den Wunsch, ihr Leben mit Gott in Ordnung zu bringen. Am Telefon beteten wir zusammen. Sie bekehrte sich, übergab ihr Leben Jesus und folgt nun Ihm nach. Preis sei Gott! Wenn wir vergeben, kann Gott wirken!

Immer wieder haben wir es erlebt, wie sich im Leben der Menschen vieles veränderte, wenn sie vergeben konnten. Ich selbst durfte da eine ganz wunderbare Erfahrung machen und erlebte Befreiung, weil ein anderer mir vergab.

Zeit meines Lebens hatte ich ein ziemlich hitziges Temperament. Ich entschuldigte mich immer damit, daß mein Großvater so gewesen sei und mein Vater auch. Das liegt, so sagte ich, bei uns in der Familie. Seit Phyllis und ich geheiratet hatten, schien es nur noch schlimmer geworden zu sein.

Lange Zeit war mir nicht klar, daß ich von meinem Jähzorn befreit werden mußte. Als der Herr mir zeigte, daß Er mich auch davon lösen wollte, nahm ich dies im Glauben an. Doch es wurde nicht wirklich besser. Immer wieder einmal brach der Jähzorn durch. Ich betete, ich wies die Anfechtungen des Teufels zurück, ich wurde erfüllt mit dem Heiligen Geist, aber immer noch wurde ich manchmal wütend. Ich tat alles, von dem ich glaubte, daß ich es tun sollte, aber nichts half.

Endlich kam ich zu dem Punkt, wo ich nicht mehr wußte, was ich noch tun konnte. Ich betete: „Herr, ich habe alles versucht, was ich von mir aus tun kann und auch alles, was ich in Deinem Wort gefunden habe, doch nichts hat geholfen. Nun mußt Du etwas für mich tun, Herr. Ich habe Phyllis versprochen, nicht mehr wütend zu werden, doch immer wieder geschieht es, daß ich »Dampf ablasse«. Ich kann das Versprechen nicht halten, wenn Du nicht etwas für mich tust."

Und dann erhielt ich eines Tages die Antwort. Phyllis kam zu mir und sagte: ,,Gene, der Herr hat mir gezeigt, daß ich dich wegen deiner Hitzköpfigkeit verurteilt habe, und daß dies falsch war. Ich möchte dir deinen Jähzorn vergeben und bitte dich, mir zu vergeben, weil ich dich verurteilt habe."

Ich antwortete ihr, sie habe es nicht nötig, mich um Vergebung zu bitten, da ich sehr wohl wisse, daß meine Wutausbrüche sie verärgern mußten.

Doch sie fuhr fort: ,,Es spielt keine Rolle, ob ich mich zu Recht geärgert habe oder nicht; ich sollte dir vergeben."

Ich bin seither nicht wieder wütend geworden. Vergebung setzt uns wirklich frei!

Ihr lieben Ehefrauen, viele von euch beten Verdammnis auf ihre Männer herab. Ihr Ehemänner, viele von euch tun dasselbe für ihre Frauen. Es gibt viele Christen, die Verdammung auf ihre Pastoren und ihre Mitbrüder und Schwestern herabbeten und sie gebunden halten.

Du kannst aber auch gleiche Verurteilung und Verdammnis auf dich selbst bringen, weil du noch nie Jesus in dir gesehen hast. Du betest vielleicht immer nur: ,,Oh, was bin ich für ein elender Wurm, was für eine miserable Kreatur. Ich bin so total unwürdig." Es ist nötig, daß du erkennst, daß Jesus in dir lebt, und daß du diese wunderbare Tatsache bekennst und verkündigst und nicht, was für ein elender Mensch du selbst bist. Jesus lebt in dir. Laß dich von der Tatsache ergreifen, was Jesus in dir ist, und nicht davon, was du selber bist.

Eine ganze Menge Leute geben viel Geld aus, um Selbstvertrauen zu entwickeln, und erreichen das Ziel doch nie, sondern versagen immer wieder. Wenn dein Vertrauen auf dir selbst beruht, dann wirst du sehr bald Schiffbruch erleiden. Wie oft kann man erleben, daß Menschen, die auf sich selber bauen, als Versager enden. Der Teufel zeigt dir nie das Ende deines Weges, wenn er dir einredet, auf deine eigene Stärke zu vertrauen. Die Wahrheit ist vielmehr, daß es allein darauf ankommt, daß Christus in uns leben kann. Er muß uns ganz erfüllen. Sein Wille muß in uns Wirklichkeit werden, und Sein Wort muß durch uns zu anderen kommen. Und dies geschieht am besten dadurch, daß Er Sein Leben durch uns leben kann.

Der Herausgeber des CHARISMA-Magazins, Stephen Strang, schrieb die Einleitung zu diesem Buch. Er berichtete uns darin, wie Gott ihm die Wahrheit von der Vergebung offenbarte. Auch seine Frau Joy erfuhr dies. Sie lebte in einer Art Selbstverachtung und Selbstverdammung. Joy hatte seit der Geburt ihres ersten Sohnes Schwierigkeiten mit ihrem Gewicht. Sie hatte schon alle möglichen Arten von Diät versucht, aber kaum nennenswerte Ergebnisse erzielt. Als ich einmal über dieses Thema sprach und sie im Gottesdienst war, durchdrang sie plötzlich das Wort: ,,Vergib dir selbst."

Später sagte sie einmal zu mir: ,,Bruder Gene, als du diese Worte sprachst, verstand ich mit einem Mal mein Problem. Ich hatte gerade einen Bonbon im Mund, an dem ich lutschte, als ich zu beten begann und mich von meiner eigenen Verurteilung loslöste. Ich fühlte in mir eine ungeheure Erleichterung."

An der Art, wie sie mit mir sprach, erkannte ich, daß sie von diesem Erlebnis tief ergriffen worden war. Sie fuhr fort: ,,Der Bonbon in meinem Mund wurde plötzlich so bitter, daß ich ihn ausspucken mußte. Seitdem habe ich dieses vorher unstillbare Verlangen nach Süßigkeiten nie mehr gehabt."

Als Joy sich selbst vergab, verschwand die Bürde der Verurteilung, die auf ihr gelastet hatte. Wenn du nicht

Jesus in dir sehen kannst, wirst du immer wieder mit dir selbst in Unfrieden leben und dich selbst verurteilen. Und wenn du Jesus nicht in dir sehen kannst, wirst du Ihn auch nicht in deinen Mitchristen sehen, sondern wirst sie auch verurteilen.

Vor nicht langer Zeit diente ich in einem kleinen Gebetskreis. Eine feine Christin kam zu mir und bat um Gebet. Durch die Gabe des Wortes der Erkenntnis zeigte mir Gott, daß sie mit sich selbst nicht in Frieden lebte und sich nicht vergeben konnte, was sie in der Vergangenheit einmal getan hatte.

,,Tragen Sie sich manchmal mit Selbstmordgedanken?" wollte ich wissen.

,,Wer hat Ihnen das erzählt?" fragte sie schnell, während sich ihre Stirn in Sorgenfalten legte. ,,Niemand weiß davon. Ich habe mit keinem Menschen darüber geredet."

,,Aber Gott weiß es", antwortete ich ruhig.

Wir unterhielten uns so leise, daß keiner der anderen Beter uns verstehen konnte. Ich konnte sehen, daß sie tief bewegt und auch beschämt war über das, was sie in ihren jüngeren Jahren gedacht und getan hatte. Der Teufel hatte ihr dies alles immer wieder vor Augen gehalten und sie so keinen wirklichen Frieden finden lassen.

Ich betete für sie, und sie ging lächelnd auf ihren Sitz zurück. Sie schien immer noch nicht ganz sicher zu sein, was der Herr nun an ihr getan hatte. Erst etwa zwei Monate später erzählte sie mir einmal alles, was dann geschehen war.

,,Ich hatte um die Taufe im Heiligen Geist gebetet, konnte sie aber aus irgendwelchen Gründen nicht empfangen. Als Sie an jenem Abend mit mir beteten, vergab ich mir selbst, obwohl ich nicht ganz verstand, wieso dies sein sollte. Doch mein Leben ist von da an völlig verändert worden. Als ich am nächsten Tag daheim beim Staubsaugen war, pries ich den Herrn, während ich arbeitete. Je mehr ich arbeitete, um so mehr pries ich den Herrn; und je mehr ich den Herrn pries, um so mehr bekam Er in mir Raum. Ich wurde so fröhlich, daß ich mitten im Staubsaugen aufhören mußte. Ich stand mitten im Zimmer, hob meine Hände empor, und plötzlich begann ich meinen himmlischen Vater in einer wunderbaren neuen Sprache zu preisen, die ich selbst nicht verstand. Er aber hat sie sicher verstanden. Welche Erleichterung war über mich gekommen und welche Freude. Preis sei Gott! Ich arbeite hier im Krankenhaus. Schon in den nächsten Tagen fand ich heraus, daß ich jetzt die Kraft hatte, für Leute zu beten, mit denen ich zwar früher schon Mitleid hatte, für die ich aber vorher nichts anderes tun konnte."

Sie war über alle Maßen begeistert von dem, was sie erlebt hatte. Und dies nur, weil sie endlich Jesus in sich selbst sah, der ihr völlig vergeben hatte, so daß sie sich nun auch vergeben konnte.

So, wie wir Jesus in uns selbst sehen, so können wir uns selbst vergeben. Wenn wir dies tun, kann Friede und Zufriedenheit uns erfüllen. Wenn wir durch unsere eigene Vergebung freigesetzt werden, empfinden wir das Lösen dieser Bande bis in unser Innerstes hinein. In Matthäus 18, 34 sagt der Herr Jesus, wenn wir nicht von Herzen vergeben, werden wir den Folterknechten überliefert, die uns innerlich quälen. Doch wenn wir vergeben, werden wir befreit von dieser Qual. Dies schließt auch mit ein, daß wir uns selbst vergeben.

An einem Sonntag morgen war eine Frau im Gebetszimmer unserer Kirche. Sie wartete dort geduldig, daß jemand kam, mit ihr betete und ihr half. Sie suchte Gott und betete wirklich von ganzem Herzen, weil sie fühlte, daß sie Befreiung brauchte.

Als ich dann mit ihr sprach, merkte ich, wie sehr dies stimmte. Wenn jemand Befreiung nötig hatte, dann sie. Ich konnte förmlich sehen, welche Pein auf ihr lastete. Doch überraschenderweise wollte die Qual, die auf ihrer Seele lag, nicht weichen, als wir zusammen beteten. Als wir uns dann weiter unterhielten, schien es, daß sie mit allen Menschen in Frieden lebte, nur mit sich selbst nicht. Sie konnte ihre Vergangenheit und die Dinge, die sie da getan hatte, nicht vergessen und konnte sich nicht vergeben. Endlich sagte sie: „Um Jesu willen vergebe ich mir."

Wenn wir uns nicht vergeben, kommen wir mit unseren eigenen Werken der Gerechtigkeit zu Jesus, und die sind doch nichts anderes als stinkende Lumpen. Wenn wir nicht Vergebung für uns selbst annehmen, versuchen wir, mit unseren eigenen guten Taten zum Herrn zu gelangen.

Genau an diesem Punkt erkannte diese Frau, daß Jesus ihr vergeben hatte und daß Sein Blut ausreichte, sie völlig zu reinigen. In dem Augenblick erlebte sie auch Befreiung und wurde von ihren seelischen Qualen erlöst.

Ich bin auch davon überzeugt, daß wir nicht in der Lage sind, unsere Erlösung in Christus im Glauben festzuhalten, wenn da jemand ist, dem wir nicht vergeben können. Der Kreis der Liebe Gottes wird dann zerbrochen und der Feind kann wieder eindringen.

Ich weiß von einem Pastor, gegen den man ein Komplott anzettelte, um ihn aus seinem Amt zu vertreiben. Die Leute, die dies tun wollten, erhielten noch Unterstützung und wären fast erfolgreich gewesen, obwohl sie im Unrecht waren. Zwei Monate lamg konnte er sich gegen diese falschen Anfeindungen großartig behaupten, und die Dinge begannen sich schon zum Besseren zu wenden. Man merkte, daß Gott das Problem in Seine Hand nahm, und es sah so aus, als sollte aus der Niederlage, die man ihm bereiten wollte, ein glänzender Sieg werden.

Doch irgendwie hatte in dieser Zeit eine kleine Wurzel der Bitterkeit in seinem Herzen Raum finden können — und die wuchs und wuchs. Aus Bitterkeit wurde Groll, und der Groll verwandelte sich in Rebellion gegen Gott. Und endlich verlor er auf diese Weise doch noch seinen Dienst. Heute besucht er keinen Gottesdienst mehr, trinkt und hat viele andere Probleme. Wenn er nur verstanden hätte, was Vergebungsbereitschaft bedeutet. Hätte er seinen Widersachern vergeben, statt ihnen zu grollen, die Dinge wären sicherlich anders ausgegangen.

Vergeben ist eine Entscheidung! Viele Menschen sind tief verletzt worden. Mancher von uns denkt, er könne auch vergeben, wenn es sich bei ihm nur um die kleinen Probleme der anderen handeln würde, aber im Blick auf seine eigenen Probleme kann er nicht vergeben. Wir komplizieren alles noch, indem wir sagen: ,,Wie soll ich denn vergeben können?" Der Herr fordert von uns, daß wir uns untereinander lieben sollen. Wie können wir dies tun? Indem wir alle Schwierigkeiten und Probleme vergessen und einfach damit beginnen, und zwar, weil wir des Herrn Willen tun wollen.

Kürzlich erzählte mir eine Dame, daß sie von einem anderen Autofahrer mit ihrem Wagen fast von der Straße gedrängt worden wäre. Sie fuhr in ihrer Fahrspur geradeaus und der andere Fahrer kam plötzlich von seiner Spur herüber und drängte sie beiseite. Dadurch hätte er fast einen Unfall verursacht. Sie war also völlig im Recht.

Dieser Mann hatte offensichtlich seine eigenen Probleme, weil er so rücksichtslos fuhr. Die Dame sagte mir, zuerst habe sie auf ihrem Recht bestehen und ihn wieder aus ihrer Fahrspur verdrängen wollen. Doch plötzlich wurde ihr klar, daß sie sich nicht von dem Mann und seinen Problemen zu Ärger und Reaktionen hinreißen lassen sollte, und sie sagte: ,,Herr, ich liebe ihn und ich vergebe ihm." Und damit wich sie zur Seite.

Wir werden immer wieder Menschen begegnen, die wir zu lieben haben und denen wir vergeben müssen. Nimm dir fest vor, dies immer wieder um ihretwillen, aber auch um deiner selbst willen zu tun. Sage dir: ,,Herr, ich liebe sie und ich vergebe ihnen." Auf diese Weise bist du frei von Groll und gibst auch sie frei. Es wird Zeit, daß wir Menschen nicht mehr grollen, sondern sie freigeben.

Jener alte Trinker bleibt vielleicht immer ein Trinker, wenn wir ihn stets nur dafür verurteilen. Wir sollten nicht nur nichts tun, was ihn weiter an seinen Alkoholismus bindet, sondern wir sollten alles tun, um ihn zu retten. Als die Jünger auf dem See in Galiläa gegen den Wind ankämpften, gelang es ihnen nicht, das Ufer zu erreichen. Doch als Jesus zu ihnen ins Schiff kam, wurde es sofort anders. Sie fuhren auf rechtem Kurs sicher dem Hafen zu, als Gottes Gesetze begannen, für sie wirksam zu werden. Wenn wir Gottes Gebot im Blick auf Vergebung folgen, dann arbeiten wir mit Gott. Doch wenn wir gegen den Wind rudern, gegen Gottes Gebot, indem wir andere richten und verurteilen, dann hindern wir die Erlösung und Rettung derer, die wir richten und verurteilen; und dies ganz besonders dann, wenn die Person, die wir so verurteilen, unsere Haltung ihr gegenüber bemerkt oder sonst irgendwie erfährt.

Wenn wir beginnen, Jesus in uns selbst zu sehen, dann können wir auch andere mit den Augen Jesu anschauen. Weißt du, was Jesus in dem alten Trunkenbold sieht? Er sieht eine Seele. Eine Seele, die mehr wert ist als die ganze Welt. Das Wort Gottes sagt, daß du die ganze Welt gewinnen und deine eigene Seele dabei verlieren kannst.

Solange wir den anderen verurteilen, wird er nicht freigelassen. Der Betrunkene dort in der Bar weiß, daß er sein Leben kaputt macht, du brauchst ihm das nicht erst zu sagen. Er hält Ausschau nach jemand, der ihn aus seiner Finsternis in das wunderbare Licht führt. Es braucht Licht, um den Sünder aus der Finsternis zu führen, keine Verdammnis.

Jesus sagt uns, daß wir mit Ihm weitergehen sollen, weil da ein neuer Weg für uns ist. Es ist ein neues Reich für uns bereit und ein ganz neues Leben für jeden von uns. Die Welt braucht Hilfe; Verurteilung und Gericht hat sie nicht nötig. Dafür wird Jesus sorgen, wenn Er wiederkommt. Jetzt muß die Welt von Jesu Erbarmung und vergebender Liebe hören, und dazu ist es nötig, daß wir auch vergeben.

Wenn du versuchst, der Welt mit deinen eigenen Fähigkeiten und deiner eigenen Kraft zu helfen, wirst du nur versagen. Jesus sagt: *„Wenn jemand Meine Worte hört und sie nicht befolgt, so richte nicht Ich ihn; denn Ich bin nicht gekommen, um die Welt zu richten, sondern um die Welt zu retten"* (Lukas 12, 47).

Wenn wir dieselbe Einstellung annehmen, die Jesus hat, und die Sitze der Pharisäer verlassen (die Sitze der Verurteilung und Verdammung), und aufhören, zu verurteilen und zu verdammen und statt dessen beginnen, zu vergeben, dann werden erstaunliche Dinge geschehen.

5

Vergebung auf den Kaiman-Inseln

Meine erste Reise zu den Kaiman-Inseln war auf eine sehr ungewöhnliche Weise zustande gekommen. Ich hatte mir vorgenommen, nach dem Erntedankfest 1975 zwei Wochen Urlaub zu machen und diese Zeit mit meiner Familie zu verbringen. Meine Eltern waren zu uns nach Florida gekommen, um den Winter über nicht in der Kälte und dem Schnee von Indiana bleiben zu müssen.

Während des Jahres hatten wir in vielen Städten in den ganzen USA Dienste getan und hielten nun gerade eine Reihe von Gottesdiensten in Bryan, Texas. Wir freuten uns schon sehr auf den geplanten zweiwöchigen Urlaub.

Während wir noch in Bryan waren, rief meine Sekretärin mich an und fragte, ob es mir möglich wäre, nach den Kaiman-Inseln zu gehen. Man hatte bei uns angefragt, ob ich dort den Dienst für einen anderen Verkündiger des Evangeliums übernehmen könnte, der ganz überraschend verhindert war, die geplante Evangelisation durchzuführen. „Ich werde darüber beten und sehen, was Gott mir dazu zu sagen hat", sagte ich zu meiner Sekretärin. Ich dachte an den geplanten Urlaub mit meiner Familie und war in diesem Augenblick nicht sehr erbaut davon, zu den Kaiman-Inseln zu gehen, wo immer sie auch sein mochten.

Ich war in der Schule nie ein besonders guter Geographieschüler gewesen und hatte keine blasse Ahnung, wo diese *Kanarien*-Inseln zu finden waren. (Ich hatte meine Sekretärin am Telefon mißverstanden und dachte, es handele sich um die Kanarischen Inseln). In meiner Vorstellung lagen sie irgendwo in der Mitte des Pazifischen Ozeans; und so sehr mir auch Mühe gab, ich konnte mich nicht erinnern, wie groß sie ungefähr waren, zu welchem Land sie gehörten oder sonst etwas über sie.

Viele Gedanken über diese Inseln gingen wie der Blitz durch meinen Kopf, und dann sprach Gott zu mir und sagte klar und deutlich: ,,Geh!'' Meine Sekretärin redete immer noch. Sie berichtete über einige andere Dinge aus unserem Büro in Orlando.

Als sie geendet hatte, sagte ich: ,,Teile den Leuten mit, daß ich gehen werde.''

Sie war überrascht über diese schnelle Antwort und fragte zurück: ,,So schnell? Bist du sicher, daß es richtig ist?''

,,Ja, ich bin sicher.''

,,Denke daran, daß deine Mutter und dein Vater von Indiana hier sind. Du wirst die Zeit dann nicht mit ihnen verbringen können'', meinte sie.

,,Ich weiß'', gab ich zurück. ,,Gott hat mir soeben gesagt, ich soll gehen, und ich habe zu tun, was Er will.''

Nachdem wir das Telefongespräch beendet hatten, wurde ich doch ein wenig unruhig. Ich hatte bis dahin noch nie in einem anderen Land Dienst getan. Ich fragte mich, ob die Leute dort Englisch oder Französisch oder gar noch eine andere Sprache sprachen und verstanden, und konnte es kaum noch erwarten, mehr darüber zu erfahren und mich nach dort auf die Reise zu machen.

Einige Tage später war ich wieder in Orlando und konnte feststellen, daß alle Reisevorbereitungen schon getroffen waren. Meine Sekretärin übergab mir die Flugscheine für die Reise mitten in dem Trubel und der Aufregung der Familienbegrüßung. Wir versuchten, einen geplanten Zwei-Wochen-Besuch in einem Tag zu erledigen. Am nächsten Morgen bestieg ich in Miami das Flugzeug und machte es mir für einen langen Flug bequem. Ich hatte nicht einmal Zeit gehabt, mich nun näher nach meinem Reiseziel zu erkundigen und wußte immer noch nicht, wie weit ich zu reisen hatte und wie lange ich brauchen würde. In jedem Falle nahm ich an, daß es etliche Stunden dauern würde, bis wir die Kanarischen Inseln erreicht haben würden.

Nachdem wir gestartet waren, stiegen wir eine kurze Zeit ziemlich steil hoch. Dann meldete sich der Flugkapitän über den Lautsprecher und sagte: ,,Wir sind jetzt über Kuba."

Ich schaute aus dem Fenster und sagte: ,,Kuba? Was tun wir denn über Kuba?"

Die Stewardeß lächelte und erklärte mir: ,,Kuba liegt zwischen Miami und den Kaiman-Inseln."

,,Die Kaiman-Inseln!?" rief ich. Ich holte meinen Flugschein aus der Tasche und betrachtete mir zum ersten Mal mein Reiseziel genauer. ,,Groß-Kaiman" las ich. Dahin also ging es.

,,Bitte, wo sind denn die Kaiman-Inseln?" fragte ich die Stewardeß.

,,Südlich von Kuba", antwortete sie. ,,In knapp einer Stunde werden wir dort sein."

Ich wußte nicht, was mich erwartete, wenn ich dort ankam. Eine zweite Person hatte noch mit mir reisen sollen, doch waren auch hier die Pläne noch im letzten Augenblick geändert worden. Als ich in Groß-Kaiman ankam, standen etliche Leute am Ausgang und winkten mir zu. Man hatte ihnen gesagt, welche Kleidung ich tragen würde, und so hatten sie mich erkannt. Ich hatte noch niemand von ihnen vorher jemals gesehen. Sie sprachen Englisch. Doch es war ,,Kings-Englisch" (Königs-Englisch), und mein eigener englischer Dialekt war fast eine Fremdsprache für sie.

Am Abend hatten wir die erste Versammlung im Hause eines der Leute, die mich am Flugplatz abgeholt hatten. Es war viel Zwietracht und Streit unter dieser Gruppe von Menschen. Die meisten waren erfüllt mit dem Heiligen Geist, aber es war Bitterkeit, Groll und Unversöhnlichkeit unter ihnen.

Besonders auf ein Ehepaar richtete der Heilige Geist meine Aufmerksamkeit. Es schien zwischen ihnen nichts Verbindendes mehr zu geben. Jerry und Paula waren geisterfüllte Katholiken, die ich in den folgenden Tagen recht gut kennenlernte.

Die Erweckung begann in diesen Tagen auf den Kaiman-Inseln, weil die Gemeinde, die der Leib Christi ist, wieder begann, zu ihrer Einheit zurückzufinden. Gott goß Seinen Geist in wunderbarer Weise aus. Hunderte wurden gerettet, geheilt und mit dem Heiligen Geist erfüllt. Weil auch die Zauberei auf den Inseln stark herrscht, mußten viele Menschen von dämonischer Besessenheit befreit werden. Gott tat auf allen Gebieten große Dinge.

Paula und Jerry hatten sich ein wenig über ihre Probleme mit mir unterhalten. Der Herr hatte mir manches über sie gezeigt, einschließlich der Tatsache, daß Er ihre Ehe wieder heilen wollte. Am letzten Abend der Evangelisation betete ich dafür noch ganz besonders. An diesem Abend wirkte der Herr noch ganz mächtig, und fast alle Anwesenden wurden von der Kraft des Heiligen Geistes ergriffen. Als ich mit Jerry betete, wurde er mit dem Heiligen Geist erfüllt und begann vor Freude zu lachen. (Paula erzählte mir später, daß sie Jerry seit Jahren nicht so frei und froh habe lachen hören.) Gott konnte ihn an diesem Abend von vielen Dingen befreien, die ihn drückten.

Mit Paula beteten wir in einem anderen Raum, nachdem sie begonnen hatte, etliches von den 32 Jahren ihrer Ehe zu erzählen. Es war eine Geschichte von Verletzungen, Enttäuschungen, Groll und Unversöhnlichkeit. Mir war klar geworden, wie wichtig es ist für die Heilung des eigenen inneren Menschen, wenn man vergeben kann oder Vergebung empfängt, doch ich hatte zu jener Zeit noch nicht verstanden, daß dadurch auch andere freigesetzt werden. Paula hatte uns eine wirklich quälende Geschichte von Kummer zu erzählen. Doch schon während sie noch erzählte, spürte sie Befreiung und Erleichterung. Sie begann zu vergeben. Die Kraft Gottes war über beide, Paula und Jerry, gekommen.

Zu einem späteren Zeitpunkt erfuhr ich von Jerry noch manches über ihre Ehe: ,,Wir blieben zusammen'', erzählte er, ,,obwohl es uns manchmal sehr schwer fiel. Wir kannten den Herrn nicht. Und wenn man auf das Fleisch sät, dann erntet man auch die Dinge des Fleisches. Kein Wunder also, daß unsere Ehe zu einer Katastrophe wurde.

Nachdem wir den Herrn gefunden hatten, mußte sich Paula einer Operation unterziehen, die sie ihren ehelichen Pflichten auf sexuellem Gebiet gegenüber kalt und gleichgültig machte. Dies war für mich und auch für unsere Ehe eine sehr große Belastung. Da der Herr mich vom Rauchen und Trinken befreit hatte, bat ich Ihn nun, mir deshalb auch mein sexuelles Verlangen zu nehmen. Er tat es, und ich war Ihm dafür dankbar. Ich fügte mich in die Dinge, wie sie nun einmal waren.

An dem Abend, als Gene für uns und unsere Ehe betete, begannen die Dinge sich zu ändern. Ich vergab Paula alle Gefühle der Bitterkeit, und sie vergab mir auch. An jenem Abend versprach Paula dem Herrn, daß sie bereit sei, auch auf sexuellem Gebiet ihre ehelichen Verpflichtungen zu erfüllen. Sie wußte nicht, wie dies gehen sollte, da ja auch ich kein Verlangen mehr nach ihr hatte.

Am nächsten Morgen war sie sehr niedergeschlagen. Ich bemerkte dies und betete mit ihr. Ich bat den Herrn, daß Er uns beiden wieder sexuelles Verlangen füreinander geben solle. Im Verlauf des Tages bat Paula immer wieder den Herrn, Er solle ihr zeigen, was sie tun könnte.

Als wir uns am Abend fertigmachten, um zu Bett zu gehen, knieten wir nieder, um zu beten. Als ich betete, kam der Heilige Geist mächtig über Paula, so daß sie vor dem Bett lag und zu lachen begann. Ich achtete nicht auf sie, sondern betete weiter und dachte dabei, daß mir dies nie geschehen könnte. Plötzlich wurde auch ich vom Heiligen Geist mächtig ergriffen und mußte lachen, weil ich so erfüllt war von der Freude am Herrn. Der Herr hatte uns beide mächtig gesegnet, und Paula erkannte nun, was sie tun konnte. Ich ging noch zum Fenster, um es ein wenig mehr zu schließen, während sie schon ins Bett stieg.

Paula sagte: »Meinst du nicht auch, daß wir den Herrn ehren sollten, indem wir tun, was Er möchte, daß wir es tun?«

Zum ersten Mal nach mehr als einem Jahr fühlte ich wieder Verlangen nach meiner Frau. Preis sei dem Herrn! Er hat unsere Ehe auf eine wunderbare Weise geheilt, und wir waren glücklicher, als in all den 32 Jahren vorher.

Dies war das erste Mal in unserem Leben, daß wir als Mann und Frau in Gott zusammenkamen, so wie Gott es für die Ehe gewollt hat. Es war schön und heilig und offensichtlich der Weg, wie Gott es für die Ehegatten vorgesehen hatte. Man ist dann nicht nur eins im Fleisch, sondern auch eins im Geist. In solch einer Einstellung kann Gott durch beide wirken, damit wir immer mehr in Ihm reifen und Sein Plan für unser Leben immer besser durchgeführt wird.''

Welch ein Zeugnis! Die Ehe war vorher nur dem Namen nach eine gewesen, doch nun hatte Gott sie völlig geheilt durch die Kraft der Vergebung.

Paula und Jerry tun jetzt einen gesegneten Dienst für den Herrn auf den Kaiman-Inseln. Der Herr gebraucht sie besonders, anderen Menschen in ihren Schwierigkeiten zu helfen.

Gott baut auch auf den Kaiman-Inseln Seine Gemeinde und fügt Seinen Leib zusammen auf der Grundlage der Liebe und der Einheit im Geist.

6
Vergebung heilt Eheprobleme

„Ihr Männer, liebet eure Frauen, wie auch Christus die Gemeinde geliebt und sich für sie dahingegeben hat" (Epheser 5, 25).

Weißt du, daß man eine der stärksten Kräfte dieser Welt dort findet, wo Ehemann und Ehefrau im Gebet vereinigt sind (vorausgesetzt, die Familie ist in rechter geistlicher Ordnung)? Weißt du, daß dies der Grund ist, weshalb der Teufel solche Häuser haßt, in denen es nach der Ordnung geht, die Gott für die Familie in der Bibel vorgesehen hat? Der Teufel wird alles tun, was er kann, um diese Kraft der geistlichen Einheit in der Ehe zu zerbrechen.

Durch den Einfluß des Satans gibt es in unserer modernen Gesellschaft eine riesige Anzahl von zerbrochenen Ehen. Diese zerbrochenen Ehen, und auch solche Ehen, die nicht mehr so in Ordnung sind, wie Gott es will, sind einer der größten Brutkästen für Unversöhnlichkeit, den es unter den Christen heute gibt. Unversöhnlichkeit macht nach zwei Seiten Schaden, und echte Versöhnungsbereitschaft bringt auf doppelte Weise Gewinn: Wenn wir anderen Menschen nicht vergeben, vergibt Gott uns nicht; und wenn wir anderen vergeben, dann bleibt uns die Vergebungsgnade Gottes erhalten.

Frank und Charlotte hinderten den Segen Gottes in ihrem Leben, weil sie beide nicht vergeben konnten. Charlotte vergab völlig, als sie an jenem Abend in ihrem Haus zusammen beteten. Einige Wochen später vergab auch Frank seiner früheren Frau alle Probleme, die sie ihm gemacht hatte. Vergebung heilte ihre Ehe wieder und auch viele andere Probleme ihres Lebens.

Ein klassisches Beispiel für Unversöhnlichkeit erlebte ich im Frühjahr 1974. Ich selbst war im Dezember 1973 von Multipler Sklerose und Zucker geheilt worden.* Wir taten jeden Freitag in einem Gebetskreis in Orlando den Dienst am Wort Gottes, und der Herr segnete uns wunderbar.

An einem Freitag nachmittag anfangs April war ich auf dem Weg nach Hause, um mich für den Abenddienst in dem Gebetskreis fertig zu machen. Als ich einen Gemüse- und Obststand an der Straße sah, beschloß ich, noch einige Tomaten mitzunehmen. Während ich mir die schönsten Tomaten heraussuchte, sang die Frau neben mir leise: „Jesus ist mir die Hauptsache..."

Ich schaute sie an, lächelte und sagte: „Sie sind sicher eine fromme Schwärmerin."

„Ich liebe Jesus und bin stolz darauf", antwortete sie.

„Preis dem Herrn!" rief ich, und wir wußten beide, daß wir dem gleichen Herrn dienten.

So lernte ich Mary Jo kennen, die später meine Sekretärin wurde. Ihr Mann war mit ihr, und wir unterhielten uns noch etwa fünf Minuten. Ich erzählte ihnen, wo wir uns am Freitag abend immer zu unserem Gebetskreis trafen und lud sie ein, zu kommen. An diesem Abend kamen sie nicht, aber in der nächsten Woche.

Zu jener Zeit wußte ich noch nichts über sie, außer daß ich sie an jenem Gemüsestand kennengelernt hatte. Sie schienen glücklich zu sein und sich sehr gern zu haben. Als

---

* Siehe den Bericht über diese Heilung in dem
ebenfalls im Leuchter-Verlag erschienenen Buch „Hindere Gott nicht"

der Gottesdienst zu Ende ging und wir alle, die Fürbitte brauchten, aufforderten, nach vorn zu kommen, kamen sie zusammen. Gott zeigte mir, daß sie beide noch Unversöhnlichkeit in ihrem Herzen trugen.

Ich unterhielt mich zuerst mit Mary Jo. ,,Gegen wen tragen Sie Groll in Ihrem Herzen?" fragte ich. ,,Wem haben Sie nicht vergeben?"

Ihre Augen funkelten vor Ärger. ,,Ich trage niemand etwas nach!" Sie spie die Worte förmlich heraus. (Später erzählte sie einmal, daß sie in diesem Augenblick so zornig war, daß sie mich am liebsten geschlagen hätte.)

Ich wartete darauf, daß sie noch mehr sagen würde, denn ich wußte, daß sie noch mehr zu sagen hatte. Etwa eine Minute verging, dann sank ihr trotzig erhobener Kopf langsam herunter. Ich konnte sehen, daß der Heilige Geist an ihr zu arbeiten begann.

,,Ich muß wohl doch noch versteckten Groll in mir tragen", argumentierte sie mit sich selbst, ,,sonst wäre ich bei Ihrer Frage nicht so wütend geworden."

,,Wem haben Sie noch nicht vergeben?" fragte ich freundlich ein weiteres Mal.

,,Meinem früheren Ehemann, denke ich", antwortete sie. ,,Ich dachte, ich hätte ihm alles vergeben, was er mir während unserer Ehe und der Zeit der Scheidung angetan hat. Doch es ist wohl nicht so, sonst wäre ich nicht so ärgerlich und verwirrt, wenn ich daran denke."

Als wir uns später nochmals über diese Angelegenheit unterhielten, meinte sie, ihr sei bis zu meiner Frage nicht bewußt gewesen, daß sie immer noch verborgenen Groll gegen ihn in sich trug. Sie war überrascht darüber, daß sie wütend wurde, als ich sie so fragte. Sie hatte ihm innerlich zwar vergeben, ihm dies aber nie gesagt, und deshalb war die Vergebung nicht völlig wirksam geworden. Es ist wichtig, daß wir unsere Sünden bekennen.

Ich sprach noch einige Augenblicke mit ihr und wies sie

darauf hin, daß es wichtig ist, zu vergeben und unsere Sünden zu bekennen. Heiße Tränen liefen über ihr Gesicht, als sie dies tat.

Dann wandte ich mich an Georg und fragte: ,,Wem haben Sie noch nicht vergeben?"

,,Meiner früheren Frau", war die Antwort.

Beide hatten bisher geglaubt, sie hätten ihren früheren Ehegatten vergeben, entdeckten aber nun, daß im Herzen doch noch verborgener Groll gewesen war. Beide hatten ungefähr dieselbe Geschichte. Sie hatten, als sie noch ungläubig waren, in den Wegen und nach der Weise der Welt gelebt. Satan hatte Stück für Stück ihr Leben und beiden auch ihre erste Ehe zerstört. Beide, Georg und Mary Jo, fanden erst zu Jesus und wurden getauft, nachdem sie schon lange miteinander verheiratet waren. Mary Jo's beide Kinder wurden auch mit ihnen getauft, so daß der Taufgottesdienst fast eine Familienfeier wurde.

Ich forderte die beiden nun auf, sich bei den Händen zu fassen, legte ihnen die Hände auf und betete mit ihnen. Ich bat Gott, ihnen ihre Unversöhnlichkeit zu vergeben und allen Groll und alle Kränkung hinwegzunehmen und sie mit Seiner Liebe zu erfüllen. Beide wurden dort auf der Stelle mit dem Heiligen Geist erfüllt und lobten und priesen den Herrn.

Gott tat an diesem Abend ein gewaltiges Werk im Leben von Georg und Mary Jo. Echte Vergebung, die sie ihren früheren Ehepartnern jetzt gewährten, brachte Heilung in ihre verwundeten Seelen. Dies machte sich auch in ihrer Familie bemerkbar, so daß die beiden Kinder von Mary Jo bald ihr Leben für die Wahrheiten des Wortes Gottes öffneten. Ihre Hausandachten waren erfüllt mit der Gegenwart Gottes und mit Seinen Segnungen.

Georgs drei Kinder (sie waren alle verheiratet und hatten ihr eigenes Heim) sahen den Unterschied im Leben von Georg und Mary Jo. Die älteste Tochter und ihr Mann fanden auch bald zu Christus, und einige Monate später auch die jüngere Tochter und ihr Mann. Es dauerte eine ganze Zeit länger, bis auch der Sohn und seine Frau von ihrem alten Leben umkehrten, doch auch sie fanden endlich zu Jesus. Da, wo wir bereit sind, zu vergeben, kann Gott große Dinge tun.

Alle Glieder der Familie erlebten im Laufe der Zeit auch die Taufe im Heiligen Geist. Wenn sie heute Familientreffen haben, wird das immer zu einer Lob- und Dank-Zeit.

Wir haben immer die Wahl, ob wir vergeben wollen oder nicht. Bereit sein, Vergebung zu gewähren, ist eine Entscheidung. Unversöhnlichkeit aber ist eine Sünde. Psalm 66, 18 sagt, daß Gott mich nicht erhört, wenn ich Böses in meinem Herzen habe. Es hat keinen Sinn, im Gebet zu Gott zu gehen, wenn meine Gebete nicht erhört werden. Viele Kinder Gottes bekommen keine Antwort mehr auf ihre Gebete und haben den Frieden ihres Herzens verloren, weil sie Böses in ihrem Leben haben.

Ich kenne eine christliche Frau, die nicht wollte, daß ihre Tochter heiratete. Auch der Vater wollte nicht die Ehe seiner Tochter mit dem Mann, den sie heiraten wollte. Endlich ging die Tochter von daheim weg und heiratete trotzdem. Das Ergebnis davon war, daß das Herz der Mutter mit Sorge, Verzweiflung und Bitterkeit erfüllt wurde. Sie geriet in einen erbärmlichen Zustand und konnte keinen Frieden mehr in ihren Sinnen finden.

Eines Tages in der Mittagszeit, als sie wieder einmal besonders verzweifelt war, ging sie in eine Kirche, um zu beten. Während sie allein dort saß, redete Gott zu ihr und sagte: ,,Du kannst den Frieden mit Gott nicht verlieren, weil andere Leute sündigen — sondern nur wegen deiner eigenen Sünden."

Als sie diese Worte bedachte und sich im Gebet Gott stellte, kam eine große Erneuerung über sie. Sie fühlte, wie sich die Last von ihrem Herzen hob, als sie sagte: ,,Ich vergebe meiner Tochter und ich vergebe meinem Schwiegersohn." Sie waren es, die unrecht gehandelt hatten; doch als die Mutter ihnen vergab, fühlte sie Erleichterung, und der Friede Gottes erfüllte ihr Herz aufs neue. Sie sah ein, daß auch sie unrecht gehandelt hatte, weil sie nicht bereit gewesen war, zu vergeben, und bat Gott, ihr dieses Unrecht zu verzeihen.

Vergebungsbereitschaft ist eine Eigenschaft Gottes. Er vergibt gern, und es kommt dabei nicht darauf an, wie groß unsere Sünden gewesen sind. Er fragt auch nicht danach, wie sehr wir uns gegen Ihn aufgelehnt haben. Wenn wir ihn bitten, uns zu vergeben, tut Er dies gern und völlig, unter einer Bedingung: Wir müssen auch unseren Mitmenschen vergeben.

Eine Frau unserer Gemeinde kam zur Frau des Pastors und sagte, sie brauche dringend Hilfe. Sie war ein Bild des Trübsinns. Sie sagte: ,,Ich habe meine Freude verloren. Ich habe keinen Frieden mehr und werde fortwährend vom Satan angegriffen."

Während die Frau des Pastors mit ihr sprach, zeigte ihr der Geist Gottes, daß da Menschen waren, denen diese Frau nicht vergeben konnte. Der eine war ihr eigener Mann und die andere ihre Schwiegermutter.

,,Kannst du deinem Mann vergeben?" fragte sie die arme Frau.

,,Ich kann verstehen, warum er so handelt und sich so benimmt", war die Antwort. Sie versuchte, sich um die eigentliche Frage und das entscheidende Problem zu drücken. Genauso war es im Blick auf ihre Schwiegermutter.

Sie wurde aufgefordert, laut zu sagen, daß sie den beiden mit des Herrn Hilfe und nach ihren besten Kräften vergeben wolle. Doch sie konnte es nicht. Da wurde ihr klar, wie tief ihr Groll saß und daß dies ihr Problem war.

Als dann mit ihr gebetet wurde, ergriff sie endlich im Glauben den Sieg. Sie vergab ihrem Mann und ihrer

Schwiegermutter durch eine Willensentscheidung. Sofort erlebte sie Erleichterung und empfing neuen Frieden und Freude.

Wenn wir mit Gott im Frieden leben wollen, so hängt dies nicht zuletzt auch davon ab, ob wir unseren Mitmenschen vergeben haben. Wenn wir anderen Dinge nachtragen und Groll, Feindschaft oder Haß in unseren Herzen haben und unserem Bruder nicht vergeben, dann sind wir weit offen für die Anfechtungen des Satans. Wir müssen im Lichte der Versöhnlichkeit wandeln. Wenn du daran denkst, was andere dir vielleicht angetan haben, dann mag es dir schwerer erscheinen, als irgend etwas anderes; aber Gott fordert: Vergib!

Vergebung ist ein Akt des Willens, keine Gefühlssache! Gefühle können gut sein. Gott hat auch unsere Gefühle gemacht. Doch wir können nicht aus unseren Gefühlen leben, sondern aus Glauben und Gehorsam und den daraus zu treffenden Entscheidungen. Als du dein Leben an Jesus Christus übergabst, mochte auch ein gefühlsmäßiges Erlebnis damit verbunden gewesen sein, doch es war deine Willensentscheidung, die dich zur Umkehr brachte. Genauso ist es, wenn wir anderen zu vergeben haben.

7

Die Geschichte einer Ehe

In diesem Kapitel soll davon berichtet werden, wie Gott eine zerstörte Ehe heilte. Nach neun Jahren schien diese Ehe ans Ende gekommen zu sein, da beschlossen beide Partner, der Kraft des allmächtigen Gottes zu vertrauen. Ich bat Maria, uns ihre Geschichte zu erzählen und habe sie hier wiedergegeben.

Die zu lernende Lektion ist eindeutig: Zu viele Menschen kommen mit sich selbst nicht zurecht, weil sie sich selbst nicht vergeben können. Komme mit dir selbst ins reine, sonst wird der Teufel dich immer wieder besiegen können. Gott vergibt uns, sobald wir Ihn darum bitten; wir brauchen uns deshalb nicht mit den vergangenen Dingen unseres Lebens quälen zu lassen. *„Wenn wir unsere Sünden bekennen, so ist Er treu und gerecht, daß Er uns die Sünden vergibt..."* (1. Johannes 1, 9). Lasse dich von Satan nicht immer wieder unter das Verdammungsurteil treiben, wenn du in Gott Vergebung gefunden hast.

Lee und Maria waren beide Katholiken und kirchlich erzogen, hatten sich aber kaum je darüber Gedanken gemacht, für Gott zu leben. Lee ist elf Jahre älter als Maria, und als sie beschlossen, zu heiraten, waren Marias Eltern hundertprozentig dagegen. Lee war Soldat bei der Luftwaffe, und Maria ging noch ins Gymnasium, als sie Lee kennenlernte. Sie waren fest entschlossen, zu heiraten. Weil die Eltern ihre Zustimmung nicht gaben, liefen sie davon.

Sie gingen das ein, was sie eine ,,Vertrags-Ehe" nannten, und meinten damit, daß sie die Freiheit hätten, die Ehe zu brechen, ohne es bereuen zu müssen. Als ihr Sohn geboren worden war, probierte Lee dies bei mehreren Gelegenheiten aus. Er konnte sich nicht so recht entscheiden, ob er verheiratet bleiben sollte, oder ob ihm das Junggesellenleben mehr zusagen würde.

Maria, die eine sehr stolze junge Dame war, tat alles, was sie konnte, um diesen Sachverhalt vor anderen Menschen verborgen zu halten. Endlich mußte sie entdecken, daß ihr angeblich wohlgehütetes Geheimnis gar kein Geheimnis mehr war. Ihre vertrauteste Freundin hatte ein Verhältnis mit ihrem Mann. Auch ihre Angehörigen waren überzeugt davon, daß alles gar nicht so rosig war, wie sie es immer darzustellen versuchte.

Maria versuchte, alle Rollen in der Familie auf einmal zu spielen: Mutter, Vater, Organisator, Regler aller Finanzangelegenheiten usw. Nach außen hin schien sie glücklich zu sein, doch in ihrem Inneren tobte ein Sturm, der immer stärker wurde. Endlich explodierte sie. Sie und Lee hatten einen solchen wilden Streit, daß Lee nachher von sich aus einen Seelsorgeberater aufsuchte. Maria kam zu der Überzeugung, daß sie getrennt leben sollten, bis sie wirklich so einig wären, wie dies unter Eheleuten sein sollte.

Im Februar 1976 begann der Herr mit Maria zu reden. Es schien, daß die Dinge zunächst immer schlechter würden, sich aber dann doch langsam zum Besseren wendeten. Ihre Tochter war fortwährend krank, und das hinderte Maria, einer Vollzeitbeschäftigung nachzugehen. Sie war sich nicht sicher, ob ihr Mann weiter für sie und die Kinder sorgen würde. Die Hausbesitzerin drängte sie, das Haus zu kaufen, in dem sie wohnten, oder auszuziehen. Immer mehr wurde sie von Sorgen und Ängsten bedrängt und hatte doch niemand, an den sie sich um Hilfe wenden konnte. Sie war dann von einem anderen Staat nach Florida gezogen, hatte dort nun weder Bekannte noch Freunde und war auch nicht die Natur, die sich schnell an jemand anschloß. Fortwährend erzählte sie allen, wie gut es ihr angeblich ging, aber innerlich fühlte sie sich ausgelaugt und erbärmlich. Sie brauchte Freunde und hatte keine. Sie hätte die Hilfe ihrer Angehörigen gebraucht, doch die konnten ihre Launen nicht ertragen. Da sie vorhatte, sich scheiden zu lassen, ging sie nicht mehr zur Kirche, weil sie fürchtete, dort ihrer Absicht wegen verurteilt zu werden.

Als die Dinge auf einem Tiefpunkt angekommen waren, schien neue Hoffnung wie ein breiter Lichtstrahl in ihr Leben zu brechen. Sie fand Anschluß an eine Gruppe getrennt lebender oder geschiedener Katholiken und ging zu ihren Gottesdiensten. Dort wurde sie ermutigt, wieder zur Messe zu gehen, was sie dann auch tat. Doch obwohl sie dadurch ein wenig Erleichterung spürte, half ihr dies nicht sehr viel.

Dann veranstalteten mehrere Kirchen gemeinsam eine zehnwöchige Evangelisation in der Stadt, um die Menschen wieder zu Christus zu bringen. Da sie nicht wußte, wo sie sonst hingehen sollte, besuchte sie oft die Evangelisationsversammlungen. Langsam begann sie zu begreifen, welche Torheit sie begangen hatte, als sie sich von Gott abwandte und Ihn für das Durcheinander ihres Lebens verantwortlich machte. In ihr erwachte der Wunsch, mit dem Vater ihrer Kinder wieder ein „normales" Leben in ihrem eigenen Heim zu führen.

Sie begann Gott zu bitten, ihr Leben wieder in Ordnung zu bringen und ihr zu zeigen, wie sie alles ändern könnte. Wochenlang betete sie und besuchte fast jeden Abend einen anderen Gottesdienst. So lernte sie nach und nach, was Christentum wirklich bedeutete. Obwohl sie Katholikin war, hatte sie noch nie gehört, was Familien wirklich zusammenbinden konnte und was aus Männern wirklich echte Männer machte — stark, hilfsbereit, beschützend und, vielleicht als Wichtigstes von allem, zuverlässig. Sie hatte immer noch nicht gefunden, wonach sie suchte, und obwohl sie jeden Sonntag zur Messe ging, fand sie dadurch keine Befriedigung noch bleibenden Frieden.

An einem Mittwoch kurz vor Ostern nahm sie an einer Bibelstunde teil, in der über den lebendigen Christus gesprochen wurde. Der Bibellehrer beeindruckte sie wegen seines freundlichen, ruhigen und mitfühlenden Wesens. Er sprach von Jesus, als würde er Ihn persönlich kennen. Der Schlüssel im Leben dieses Mannes war seine hundertprozentige Übergabe an Christus und das tiefe Verlangen, immer den Willen Gottes zu tun. Das waren die Dinge, die sie besonders ansprachen.

Sie wußte, daß sie sich in ihrem Leben noch niemals hundertprozentig für irgend etwas entschieden und eingesetzt hatte; doch ihr war klar, daß sie gerade dies jetzt tun mußte. An diesem Punkt übergab sie ihr Leben völlig Gott.

In einer anderen Bibelstunde sagte dieser Bibellehrer, daß jeder, der in unserer Zeit wirklich als Christ bestehen will, sich einer christlichen Gemeinde anschließen muß. Sie schloß sich einem Gebetskreis an, wo man jeden Dienstag abend zusammenkam. Sie freute sich, daß sie nun Gemeinschaft gefunden hatte. In ihrem Inneren fühlte sie, daß ihr Suchen, mit sich selbst zurecht zu kommen, nun bald zu Ende sein würde. Sie fühlte, wie in ihrem Leben Hoffnungen und Erwartungen aufstiegen, wußte aber nicht recht, was sie eigentlich erwartete. Es hatte sie ziemliche Überwindung gekostet, als sie das erste Mal an einer Versammlung dieses Gebetskreises teilnehmen wollte, doch sie hatte es geschafft. Auf dem Weg dahin fühlte sie, als ob eine Last auf ihr läge. Ihr war wie Weinen, doch sie wußte nicht warum; zur gleichen Zeit fühlte sie sich aber auch beschwingt und froh.

Die Versammlung begann mit einem Lied. Doch von dem Augenblick an bekam Maria nicht mehr allzuviel von dem, was geschah, mit. Sie saß im Hintergrund des Saales und weinte leise vor sich hin. Es war ihr, als würden ihre Tränen ihre Seele waschen, als sie Jesus bat, ihr Leben in die Hand zu nehmen und es völlig neu zu machen.

Nach dem Gottesdienst kamen einige der Anwesenden zu ihr und fragten, ob sie Fürbitte benötige. ,,Ja", platzte sie heraus. ,,Betet für mein Leben, es ist völlig durcheinander. Ich brauche dringend einen neuen Anfang." Ihr war noch gar nicht so recht bewußt geworden, daß es der Herr war, der sie auf den Weg geführt hatte, den sie nun beschreiten wollte. Jesus hatte die Herrschaft ihres Lebens übernommen.

Ein tiefer Friede kam plötzlich über sie, und in ihr wurde es still. Sie stellte weiter keine Fragen, als die anderen aufhörten, für sie zu beten, sondern akzeptierte den erfahrenen Frieden als die Antwort auf ihre Not.

Etwa eine Woche später fragte ihre jüngere Schwester sie: ,,Was für eine gute Sache hast du denn erlebt, Maria?"

,,Wieso? Was meinst du?"

,,Nun, ich glaube, es ist das erste Mal seit sechs Monaten, daß ich dich lächeln sehe. Worüber lächelst du?"

Ihre Antwort fiel nicht allzugut aus, denn sie war selbst immer noch dabei, ihre Erlebnisse und Gedanken zu ordnen. Sie akzeptierte völlig die Veränderungen, die in ihrem Leben vor sich gingen und wußte, daß sie eine gewaltige Last losgeworden war.

Das war der echte Neuanfang in Marias Leben. Die Bibel sagt, die Menschen werden ,,wiedergeboren", wenn sie zu Christus kommen; und Maria fühlte sich wirklich wie neugeboren. Obwohl sie seit ihrem zwölften Lebensjahr in eine katholische Schule gegangen war, begann sie zum ersten Mal, die Bedeutung des Sterbens Christi, des Kreuzes und der Erlösung für ihr eigenes Leben zu verstehen. Sie hatte plötzlich einen großen Hunger nach Gottes Wort, doch sie hatte keine Bibel, obwohl sie sehr gern eine gehabt hätte. Als im Juni ihr Geburtstag nahte, fragte ihre Mutter, was sie sich wünsche.

„Eine Bibel", war ihre sofortige Antwort.

Sie bekam eine geschenkt. Es war eine riesige Familienbibel mit großen Buchstaben. Eifrig begann sie zu lesen, und dabei entdeckte sie immer mehr, wie wenig ihr Leben bisher dem glich, was sie im Worte Gottes fand. Obwohl sie auch erkannte, was Gott im Blick auf die Familie zu sagen hatte, war sie noch nicht bereit, diese biblischen Wahrheiten voll zu akzeptieren. Sie wollte noch nicht zugeben, daß das Eheversprechen bindend war und daß sie zu Lee gehörte, der ihr Mann und der Vater ihrer Kinder war. Gerade in der letzten Zeit hatte sie begonnen, Freude am Leben ohne ihn zu finden. Doch sie kam von dem Gedanken nicht los, daß sie nicht so lebte, wie es dem Willen Gottes entsprach.

„Ebenso, ihr Frauen, seid euren Ehemännern untertan, damit auch solche Männer, die dem Wort ungehorsam sind, durch den Wandel ihrer Frauen auch ohne Worte gewonnen werden" (1. Petrus 3, 1).

„Die Frau hat nicht über ihren Leib zu verfügen, sondern ihr Mann; gleicherweise besitzt aber auch der Mann kein Verfügungsrecht über seinen Leib, sondern die Frau" (1. Khrinther 7, 4).

„Die Frauen seien ihren Ehemännern untertan, als gälte es dem Herrn" (Epheser 5, 22).

Diese Bibelstellen ließen sie nicht mehr los, und sie argumentierte mit sich selbst und mit Gott. Dann rief Lee an und sagte, er würde noch im Juni nach Florida kommen. Sie erschrak, denn sie traute ihm nicht. Sie glaubte nichts von dem, was er sagte, und vor allem: sie wollte gar nicht wieder mit ihm zusammen leben. Er hatte sie zu sehr verletzt. „Vielleicht versorgt er uns mit allen materiellen Dingen, die wir brauchen", dachte sie. „Aber er hat keine

Rechte mehr. Es ist seine Pflicht, für uns zu zahlen." Sie fühlte sich so sehr im Recht.

Lee kam, und sie entdeckte, daß sie ihn nicht mehr haßte. Doch vertrauen konnte sie ihm immer noch nicht. Sie wunderte sich schon darüber, daß es ihr möglich war, sich mit ihm ganz normal zu unterhalten. Er tat ihr leid, die Kinder taten ihr leid, und sie tat sich selber leid. Sie hatten beide ihr gemeinsames Leben völlig ruiniert, und sie war erleichtert, als er wieder abreisen mußte.

Im August fragte sie in dem Gebetskreis, dem sie sich angeschlossen hatte, ob sie im Chor mitsingen dürfe. Man betete zuerst ernstlich über ihre Bitte und akzeptierte sie dann. Zum ersten Mal fühlte sie, daß sie sich einen Platz an der Sonne verdient hatte. Singen war ihr immer wichtig gewesen, und sie hatte Freude daran. Sie hatte schon in ihrer Kindheit und dann auch auf dem Gymnasium in Chören mitgesungen. Jetzt sang sie für den Herrn und dankte Ihm dafür, daß sie auf diese Weise ihre Talente für Ihn gebrauchen konnte.

Fleißig las sie weiter in der Bibel. Das half ihr sehr bei ihrem inneren Heilungsprozeß. Der Herr zeigte ihr viele Dinge. Sie lernte, sich mit ihrem eigenen Ärger und Groll auseinanderzusetzen und erkannte, daß es besser ist, zu vergeben, als immer wieder in den alten Wunden zu wühlen. Der Heilige Geist half ihr, mehr Kontrolle über ihre Zunge und über ihr Temperament zu bekommen und sich in Geduld zu üben.

Obwohl Lee, der immer noch Soldat war, in einem anderen Staat der USA stationiert war, rief er jede Woche an; gewöhnlich immer gerade dann, wenn bei ihr eine finanzielle Katastrophe nahte. Sie schien nie auf Notfälle vorbereitet zu sein und mußte sich immer wieder auf ihn verlassen. Sie haßte es, ihre Fehler zugeben zu müssen. Doch Gott begann ihr zu zeigen, wie sie sich auf vielen Gebieten, in denen sie es vorher nie getan hatte, auf Lee verlassen konnte und sollte. Es fiel ihr nicht leicht, das einzusehen und zuzugeben.

Sie war nicht sicher, ob sie Lee noch mochte. Sie meinte, sich sicher zu sein, daß sie ihn nie mehr so lieben konnte, wie eine Frau ihren Mann lieben sollte. Doch Lee sagte ihr immer wieder, daß sie dies tun müsse (und der Herr sagte ihr fortwährend dasselbe). Wieder waren es Abschnitte aus der Bibel, die sie ermahnten und überzeugten. Sie wollte sich aber nicht wieder leichtfertig neu mit ihm einlassen. So wurde sie immer unruhiger, je näher der Augenblick kam, an dem Lee's Dienstzeit bei der Luftwaffe vorüber war.

Im November hatte sie allen Frieden und alle Freude wieder verloren. Sie lebte wieder in ihrer alten Bitterkeit, und der Ärger machte sich in ihr breit. Sie zankte mit den Kindern und lud ihre eigenen Enttäuschungen auf ihnen ab. Sie schrie zum Herrn: „Ja, ich will seine Frau sein, doch Du mußt mir helfen, daß ich auch wirklich so empfinden kann. Ich vermag es selber nicht. Von mir aus möchte ich es nicht einmal versuchen. Ich tue es nur, weil ich weiß, daß es Dein Wille ist. Hilf mir, Herr!"

Mit dieser Entscheidung kamen Friede und Freude in ihre Seele zurück. Sie fürchtete sich nicht länger vor dem Tag, an dem Lee eintreffen würde. Auf der einen Seite erwartete sie seine Ankunft sogar mit stiller Freude, obwohl sie sich nicht sicher war, daß sie in dieser Angelegenheit dem Herrn voll vertrauen konnte.

Lee merkte, als er ankam, sofort, daß er sie noch nicht völlig verloren hatte. Sie einigten sich darauf, die Probleme, die zwischen ihnen standen, erst nach Weihnachten zu klären und schoben auf diese Weise alles bis nach den Ferien hinaus. Doch jeder von ihnen betete für sich allein zu Gott, Er solle ihnen zeigen, zu welchem Seelsorger sie gehen konnten, der ihnen bei der Lösung ihrer Probleme half. Lee war sich seiner vergangenen Fehler bewußt geworden und versuchte seiner Familie das zu geben, was nötig war: ein Heim mit einer Frau und Kindern, denen er Ehemann und Vater sein konnte. Das ist, wie es sein sollte, so hat es Gott bestimmt. Doch manchmal vergessen die Männer, wie sie rechte Männer sein sollen. Vielleicht deshalb, weil es so viel leichter ist, ein Kind zu bleiben.

Maria hatte aufgrund vergangener Erfahrungen nicht allzuviel Vertrauen zu einem Priester. Sie war auch, ehe sie Lee verlassen hatte, für acht Wochen in einer Klinik für Gruppentherapie gewesen. Das meiste, was sie dort erreicht hatte, war, daß man sie überzeugt hatte, daß die Probleme keinesfalls in ihrem Leben zu suchen waren und daß sie stark genug sei, ihr Leben allein zu meistern. Jetzt begriff sie, daß dies nichts als Torheiten gewesen waren.

Kurz vor Weihnachten hing am Eingang des Saals, in den sie immer gingen, um an den Gottesdiensten des Gebetskreises teilzunehmen, ein Plakat, auf dem zu lesen war: „Evangelist Gene Lilly spricht über Vergebung!"

Am Ende der Versammlung gingen beide nach vorn, um mit sich beten zu lassen. Maria hatte durch einen Unfall einmal Gehirnerschütterung und Halswirbelzerrung gehabt und mußte von Zeit zu Zeit noch darunter leiden. Lee bat um Gebet für sein krankes Herz. Zuerst betete Gene Lilly mit Lee, der dabei so mächtig vom Heiligen Geist gepackt wurde, daß er eine lange Zeit weinen mußte. Als er dann wieder aufschaute, sagte er: „Ich weiß nicht, was so plötzlich über mich gekommen ist, fühle mich aber viel freier und erleichterter als vorher."

Dann betete Gene mit Maria. Auch sie wurde mächtig vom Heiligen Geist ergriffen. Tränen der Freude und des Vertrauens in die Größe des allmächtigen Gottes liefen ihr über das Gesicht. Und beide, Lee und Maria, empfanden, sich auch zwischen ihnen die Spannungen lockerten und wie sie sich gegenseitig vergeben konnten. Nach einigen Minuten gingen sie nochmals gemeinsam zu Gene Lilly mit der

Bitte, er möge auch für die rechte Erneuerung ihrer Ehe beten. Freudig tat er dies in dem mächtigen Namen Jesu.

Einige Tage später kam es Maria zum Bewußtsein, daß sie in ihrem Genick seit jenem Abend keinerlei Schmerzen mehr verspürt hatte. Auch Lee hatte nie wieder Probleme mit seinem Herzen. Beide dachten nicht mehr: ,,Wenn unsere Ehe nicht mehr funktionieren will, dann...", sondern sagten: ,,Jetzt, da unsere Ehe so gut geht..."

Sie hatten beide wirklich ihr ganzes Leben dem Herrn übergeben, um Seinen Willen zu tun, weil ihnen klar geworden war, daß Er alle Dinge so lenken würde, wie sie gut waren. Sie überlassen es jetzt dem Herrn, zu bestimmen, was in ihrem Leben geschehen soll. Damit soll nicht gesagt werden, daß sie immer auf den Herrn hören und jedesmal gleich bereit sind zu folgen, wenn sie Seinen Willen erkennen. Doch sie sehen schnell ein, wenn sie einmal Fehler machen und sind dann auch bereit, diese Fehler wieder zu korrigieren. Sie diskutieren ihre Fehler, Lee korrigiert sie, und Maria ist bereit, sich nach den Entscheidungen Lees zu richten, weil sie weiß, daß er sich durch den Heiligen Geist zu diesen Entscheidungen leiten läßt.

Lee und Maria haben einen großen Wunsch: Sie möchten eine wirklich christliche Familie sein, damit ihre Kinder in einer rechten christlichen Umgebung aufwachsen können und Jesus als ihren persönlichen Herrn und Erlöser kennenlernen. Dies ist um so mehr nötig, weil die Kinder in den zurückliegenden neun Jahren ihrer Ehe darauf verzichten mußten.

Als Christus ihnen vergab, und als sie sich untereinander vergaben, wurde ihre Ehe wirklich geheilt und erneuert.

8
Vergebung und leibliche Heilung

Viele Menschen fragen, warum ihre Gebete um Heilung nicht beantwortet werden. Kann es bei manchen daran liegen, daß sie nicht vergeben können? Es hat keinen Sinn, zu beten, wenn zwischen dir und deinem Bruder etwas nicht in Ordnung ist.

Eine mir bekannte Frau hatte oft um Heilung ihrer Krankheit gebetet und auch mit sich beten lassen. Doch die Gebete wurden nicht erhört. Dann kam sie eines Tages zu mir. „Diese Arthritis macht mich ganz kaputt", klagte sie. „Ich brauche dringend Hilfe."

Ich habe gefunden, daß Menschen, die in Unversöhnlichkeit und Groll gegen andere leben, oft Arthritis haben. Damit will ich nicht sagen, daß jeder, der unter Arthritis leidet, einen unversöhnlichen Geist hat. Doch wenn dich Arthritis plagen sollte, kann es sicherlich nicht schaden, wenn du dich einmal ganz genau prüfst, ob du etwas gegen andere in deinem Herzen hast.

Die vorderen Gelenke der Finger dieser Frau waren ganz verkrümmt und voller Knoten, so schlimm hatte die Arthritis sie gepackt. „Würden Sie bitte für mich beten?" fragte sie.

Ich fragte, ob Groll in ihrem Herzen sei. Sie gab dies zu

und erzählte, daß sie seit ihrer Jugend Verbitterung in ihrem Herzen trage, weil sie unter so ärmlichen Verhältnissen aufwachsen mußte. Ich fragte, ob sie diese Bitterkeit bekennen und weder Gott noch ihren Eltern weiter in ihrem Herzen Vorhaltungen machen wolle. Sie sagte ja.

Wir legten unsere Hände auf die ihren und geboten der Arthritis, im Namen Jesu zu weichen. Plötzlich unterbrach sie uns und rief: „Schaut! Schaut! Die Knoten an meinen Fingern verschwinden!" Wir beobachteten, wie die Knoten verschwanden und ihre Finger sich wieder normal ausrichteten. Die leibliche Heilung konnte kommen, als sie sich von der Bitterkeit ihres Herzens löste und wegen ihres Grolls um Vergebung bat. Unsere Bereitschaft, auf Gottes Forderungen im Blick auf Vergebung einzugehen, ist genauso wichtig wie die Zehn Gebote.

Nachdem die Frau unseres Pastors in einer Frauenstunde einmal über die Wichtigkeit der Vergebung gesprochen hatte, kam eine Frau zu ihr und sagte, sie habe heftige Arthritis in ihrem Zeigefinger. Die Frau sagte, sie glaube, das käme daher, weil sie diesen Finger immer anklagend gegen andere erhoben habe. Der Finger war sehr geschwollen und schmerzte heftig.

„Während du noch sprachst, habe ich in meinem Herzen beschlossen, allen zu vergeben, bei denen mir einfiel, daß ich etwas gegen sie hatte", sagte sie. Einen nach dem anderen dieser Leute zählte sie auf und bat um Vergebung für ihren Groll. Die Arthritis verschwand, während sie noch betete, und der Finger wurde völlig geheilt. Ihre Heilung kam durch Vergebung. Göttliche Heilung kann als Segen des Vergebens kommen.

Doch was wir soeben im Zusammenhang mit Arthritis sagten, trifft auch auf viele andere Krankheiten zu. Wir wissen alle, wie es ist, wenn wir uns innerlich verletzt fühlen und nicht bereit sind, zu vergeben. Was ist das Ergebnis davon? Wir geraten in innere Spannungen und nervöse

Unruhe. Kopfschmerzen, Dickdarmschwierigkeiten und andere Dinge sind die Folge. Wir können Groll in unserem Herzen hegen, daraus kann Zorn werden und am Ende gar Haß, der dann unsere seelische Verfassung beeinflußt und so auch körperliche Leiden verursachen kann.

Schreckliche Dinge können in unserem Leben geschehen, wenn es dem Satan gelingt, uns in Unversöhnlichkeit zu halten. Wenn du schlechte Nerven hast, frage dich einmal, ob Bitterkeit gegen andere dein Herz in Unruhe versetzt.

Jakobus, der Bruder Jesu, schrieb an die Juden. Sein Buch, das wir in der Bibel finden (der Jakobusbrief), ist leicht zu verstehen. Vielleicht können wir einiges für uns daraus lernen. Die Empfänger seines Briefes spricht Jakobus mit ,,Brüder" an. Es ist also klar, daß er zu Christen, zu wiedergeborenen Gläubigen, spricht.

Wenn wir in den fünf Kapiteln des Jakobusbriefes lesen, finden wir, daß Jakobus von Menschen redet, die die Armen verachteten und die Reichen besonders ehrten. Viele dieser Leute hatten zwar Glauben, taten aber nicht die Werke des Glaubens. Jeder wollte über die anderen herrschen. Da gab es Menschen mit doppelten Sinnen, die Gott in der einen Minute priesen und im nächsten Augenblick verfluchten. Neid und Streit schien unter den Empfängern seines Briefes zu sein, und sie schätzten irdisches Wissen höher als geistliche Weisheit. Sie waren habsüchtig, weltlich und stolz und kümmerten sich nicht um Gottes Willen, sondern lebten nach ihren eigenen Wünschen.

Jakobus schreibt ihnen, um sie zu ermahnen und zurechtzubringen. Er schreibt unter anderem auch über Gebet und Heilung und sagt:

,,Ist jemand unter euch krank, so lasse er die Ältesten der Gemeinde zu sich kommen; diese sollen dann über ihm beten, nachdem sie ihn im Namen des Herrn mit Öl gesalbt haben" (Jakobus 5, 14).

Ich bin sicher, viele kennen diesen Vers schon. Doch

Jakobus fährt hier noch fort, über dieses Thema zu reden, und deshalb müssen wir die folgenden Verse ebenfalls sehr genau beachten:

„Alsdann wird das gläubige Gebet den Kranken retten, und der Herr wird ihn aufrichten, und wenn er Sünden begangen hat, wird ihm Vergebung zuteil werden. Bekennet also einander die Sünden und betet füreinander, damit ihr Heilung erlangt" (Jakobus 5, 15.16).

Vielleicht kommst du im Gottesdienst nach vorn und bittest darum, daß die Ältesten dich im Namen des Herrn mit Öl salben und für dich beten; und dann gehst du heim und wunderst dich, weil du nicht geheilt wurdest. Aber beachte bitte: Es gibt eine Verbindung zwischen Heilung und dem Bekennen der Sünden, damit Dinge in Ordnung gebracht werden, die nicht in Ordnung sind. Wir sehen hier eine Verbindung mit dem, was Jesus einmal einem Geheilten sagte: *„Du bist nun gesund geworden; sündige fortan nicht mehr, damit dir nicht noch Schlimmeres widerfährt"* (Johannes 5, 14).

Als Jesus einmal einen Gelähmten heilte, sagte Er zunächst zu ihm: *„Sohn, deine Sünden sind dir vergeben"* (Matthäus 9, 2). Ich glaube, daß dieser Mann erst Sündenvergebung erlangen mußte, ehe er geheilt werden konnte.

Vor nicht langer Zeit beteten wir während einer Reise in die westlichen Staaten mit einem Mann, dessen Namen ich hier mit W.C. angeben will. Er litt an Asthma und war schwer herzkrank. Als wir mit ihm sprachen, erzählte er uns folgende Geschichte:

Seine Mutter war ziemlich reich und hatte etliche ihrer Besitztümer an ihre Söhne weitergegeben. Der Bruder von W.C. hatte eine recht teure Jacht erhalten und außerdem eine ganze Anzahl guter Wertpapiere. Der Bruder war Witwer und heiratete bald darauf ein zweites Mal, lebte aber mit seiner neuen Frau und ihren Kindern aus früherer Ehe nur einige Jahre.

Er wurde krank. Der Arzt stellte einen Gehirntumor fest und nahm eine Operation vor, die der Bruder von W.C. nicht überlebte. Seine zweite Frau hatte die Genehmigung für diese Gehirnoperation gegeben, und deshalb grollte W.C. ihr. Später wurde noch gesagt, es sei gar kein Tumor vorhanden gewesen. Das vertiefte die Bitterkeit von W.C. noch.

W.C. war der Meinung, die Wertpapiere müßten seiner Mutter zurückgegeben werden, die die rechtmäßige Besitzerin sei. Statt dessen bekamen die Stiefkinder diese Papiere und auch die teure Jacht, die dann später wieder weiterverkauft wurde.

All dies ließ in W.C. einen unbezwingbaren Berg von Bitterkeit wachsen. Er grollte seiner Schwägerin und glaubte, ihr nie vergeben zu können.

Ich wies ihn darauf hin, daß seine Heilung davon abhing, ob er vergeben könne. Er meinte, er sei so verbittert, daß ihm dies unmöglich scheine. Doch als er daran dachte, wieviel Jesus ihm selbst vergeben hatte, glaubte er, seiner Schwägerin auch vergeben zu können. Wir beteten zusammen für völlige Vergebung, und dann betete ich auch für seine körperliche Heilung. Preis Gott! Ein Wunder geschah. Sein Herz wurde geheilt.

Zwei Tage später besuchte er den Arzt in der Nachbarstadt. Der untersuchte ihn und meinte, sein Herz scheine in Ordnung zu sein. Dann bat W.C. noch um Prüfung der Halsschlagadern, die vom Herzen zum Gehirn führen. Der Arzt maß und horchte mit seinen Instrumenten und sagte dann, die seien immer noch blockiert.

An diesem Abend rief W.C. mich an, bat mich, nochmals in sein Haus zu kommen und mit ihm für die Schlagadern zu beten. Phyllis und ich gingen und beteten für ihn.

Etwa einen Monat später erhielten wir einen Brief von W.C., in dem er uns berichtete, was er erlebt hatte, seit er seiner Schwägerin von Herzen vergeben hatte.

„Meine Frau und ich machten uns gerade fertig, um zum Gottesdienst zu gehen", schrieb er. „Ich ging noch einmal nach oben, um eine Krawatte umzubinden, als mich plötzlich Atemnot packte. Zuerst beteten wir im Namen Jesu, und dann riefen wir den Arzt an. An diesem Morgen meldete sich ein anderer Arzt und sagte, er würde uns in einer Stunde in der Notfall-Station des lokalen Krankenhauses erwarten.

Dann rief meine Frau in der Gemeinde an, um dort mitzuteilen, wie es um mich stand, damit für mich gebetet würde; weil die Bibel uns auffordert, die Ältesten der Gemeinde zum Gebet für die Kranken zu rufen. Der zweite Pastor, der am Telefon war, betete mit mir, und im Morgengottesdienst vereinigte sich die ganze Gemeinde zur Fürbitte.

Inzwischen wurde ich in die Notfall-Station eingelassen und untersucht. Mein Blut wurde geprüft, der Blutdruck gemessen und die Brust geröntgt. Der Arzt meinte, er könne nichts finden, alle Untersuchungen zeigten gute Ergebnisse. Da sagte meine Frau »Preis dem Herrn« und erzählte dem Arzt, daß für ihren Mann gebetet worden war.

»Herr Doktor, würden Sie bitte noch meine Halsschlagadern untersuchen?«

»Natürlich«, antwortete er und tat es sehr gründlich.

Dann sagte er zu mir: »Sie sind völlig in Ordnung.« Jetzt begannen wir alle drei den Herrn zu preisen, denn auch der Arzt war ein wiedergeborenes Kind Gottes."

W.C. und seine Frau fuhren heim und waren mit neuer und noch größerer Freude als vorher erfüllt. Sie waren zuversichtlich, daß alle Krankheitsprobleme durch die Kraft der Vergebung im Namen Jesu gelöst waren.

Oft geschieht es, wenn jemand durch die Kraft Gottes geheilt wird, daß ein Kampf in ihm beginnt. Satan schiebt den Fuß in die Tür, indem er Zweifel in unser Herz sät. Doch Gottes Wort macht auch im Blick auf unsere körperliche

Heilung bestimmte Zusagen, an die wir uns fest klammern müssen, wenn der Teufel Zweifel ausstreuen will. Manchmal wird der Feind, nachdem wir geheilt wurden, versuchen, uns mit Symptomen unserer früheren Krankheit wieder anzufechten. Glaube ihm nicht, sondern weise ihn ab und stelle dich im Glauben auf die Verheißungen Gottes. Immer, wenn der Satan dich anficht, hast du das Recht, entweder zu beten und dem Feind zu widerstehen oder die Krankheit wieder anzunehmen. Jakobus sagt dazu: *„Unterwerft euch also Gott und widersteht dem Teufel, so wird er von euch fliehen"* (Jakobus 4, 7).

Wir haben jedesmal die Wahl, diese mächtige Verheißung Gottes zu bezeugen — die Wahl, uns Gott zu unterwerfen und dem Teufel zu widerstehen — oder uns dem Teufel und seinen Anfechtungen unterzuordnen und Gott zu widerstehen. Deshalb ist es so wichtig, nie nachzulassen im Lesen des Wortes Gottes und im Gebet, damit wir unsere geistlichen Waffen richtig gebrauchen lernen, um den Teufel zu besiegen.

W.C. und seine Frau begannen in dem Augenblick mit dem Feind zu kämpfen, als die ersten Symptome zurückkehrten. Sie beteten! Dann riefen sie in der Gemeinde an, und der Pastor betete! Dann betete die gesamte Gemeinde für sie. Und die Antwort kam, wie es in Jakobus 4, 7 geschrieben steht. Sie widerstanden dem Teufel und unterwarfen sich Gott, und der Teufel und seine Helfershelfer mußten fliehen. Preis sei Gott!

Seit jener Zeit haben wir oft von ihnen gehört. Sie stehen nun in einem Leben des Sieges und preisen Gott für Seine rettende und heilende Macht und für Seine Güte. Vergebung war der Weg, auf dem die Heilung zu W.C. kommen konnte und dann auch die Kraft, dem Satan zu widerstehen, als dieser mit seinen Anfechtungen auftrat.

9

Vergebung bringt Einheit

Jesus sagte einmal zu Petrus: *"... und auf diesem Felsen will ich meine Gemeinde erbauen, und die Pforten der Hölle sollen sie nicht überwältigen"* (Matthäus 16, 18). Glaubst du, Jesus hat hier von einer ganz bestimmten Gemeinde eines bestimmten Glaubensbekenntnisses geredet, als Er dies sagte? Ich glaube es nicht.

In Apostelgeschichte 7, 38 lesen wir von der Gemeindeversammlung der Kinder Israels und Moses in der Wüste; und weiter lesen wir dort, daß Gott in der Hütte des Zeugnisses (der Stiftshütte) wohnte. Aber der 48. Vers sagt dann: *"Doch der Höchste wohnt nicht in einem Bau, der von Menschenhand hergestellt ist..."*

Wo wohnt Gott denn? In unserem Inneren — da wohnt Er oder will Er wohnen. Die Bibel sagt: *"Siehe, Ich stehe vor der Tür und klopfe an; wenn jemand Meine Stimme hört und die Tür auftut, so werde Ich bei ihm eintreten und das Mahl mit ihm halten und er mit Mir"* (Offenbarung 3, Vers 20).

Als Christus begann, Seine Kirche zu bauen, ging es nicht um ein Gebäude, sondern um Männer und Frauen. Gott beschloß, in uns zu leben! Jesus sagte, Er würde Seine Gemeinde bauen. Doch bedenke dabei eines: Wenn wir Ihm nicht erlauben, in uns zu bauen, dann gehören wir nicht zu dieser Gemeinde. Es muß nach Seinem Willen und auf Seine Weise gebaut werden, sonst wird der Bau nicht bestehen können.

In Epheser 4 redet Paulus von der Einheit des Geistes durch das Band des Friedens. In Vers 13 sagt er: *„Bis wir endlich allesamt zur Einheit des Glaubens und der Erkenntnis des Sohnes Gottes gelangen, zur vollkommenen Mannesreife, zum Vollmaß des Wuchses in der Fülle Christi."*

Verstehst du, was dieser Vers sagen will? Wir müssen in die Einheit des Glaubens und die Erkenntnis Jesu hereinkommen, um reife Menschen nach dem Ebenbild Jesu Christi zu werden. Paulus vergleicht den Bau der Gemeinde mit der Erbauung eines irdischen Gebäudes. Er schreibt von dem Baumeister, der das Fundament legt und die Steine zusammenfügt. Die rechte Ordnung der neutestamentlichen Gemeinde ist dann gegeben, wenn Jesus der Baumeister ist.

Ist dir aber klar, daß der Architekt dir die beste Zeichnung des allerschönsten Bauwerks machen kann, du aber nicht in der Lage bist, mit dem Bau zu beginnen, bis du das nötige Material hast? Was ist das Material für den geistlichen Bau? Aus welchen Steinen wird die Gemeinde gebaut? Wer sind diese Steine? Du und ich! Ganz gleich, wie genau wir es äußerlich mit dem Bauplan, der Gemeindeordnung, nehmen, wenn wir nicht die rechten (wiedergeborenen) Steine sind und bereit sind, uns vom himmlischen Baumeister in den Bau nach Seinem Willen einfügen zu lassen, werden wir nicht in dieses Bauwerk, die Gemeinde, in den Leib des Herrn, hineinpassen.

Psalm 133 sagt, daß Brüder einträchtig zusammen wohnen sollen. Dies ist ohne Vergebungsbereitschaft nicht möglich. Wir müssen aufhören, durch unsere Bekenntnistraditionen Mauern aufzubauen und damit beginnen, durch echte geistliche Gemeinschaft Brücken zu errichten. Der Apostel Johannes schreibt:

„Wenn wir behaupten, Gemeinschaft mit Ihm zu haben, und dabei doch in der Finsternis wandeln, so lügen wir und halten uns nicht an die Wahrheit. Wenn wir aber im Licht wandeln, wie Er im Licht ist, so haben wir Gemeinschaft miteinander, und das Blut Seines Sohnes Jesus macht uns von aller Sünde rein" (1. Johannes 1, 6 und 7).

Was ist Wandel in der Finsternis? In Kapitel 2, 11 sagt Johannes es: *„Wer dagegen seinen Bruder haßt, befindet sich in der Finsternis und wandelt in der Finsternis und weiß nicht, wohin er geht, weil die Finsternis seine Augen blind gemacht hat."*

Wenn du deinen Bruder haßt, weißt du nicht, wohin du gehst, und die Dinge in deinem Leben geraten in Verwirrung. Darum vergib! Kapitel 2, 10 sagt: *„Wer seinen Bruder liebt, der ist dauernd im Licht, und kein Anstoß ist in ihm vorhanden."* Gottes vollkommene Liebe ist wie ein perfekter Kreis, in den der Teufel nicht eindringen kann. Wenn wir nicht vergeben, gibt es einen Bruch in diesem Kreis, und der Teufel kann sich Eintritt verschaffen. Vergebung ist notwendig für die Einheit der Gemeinde.

In einer Stadt in den USA hatte sich ein stark fundamentalistisch eingestellter Pastor fest vorgenommen, eine in der gleichen Stadt existierende Gemeinde, und vor allem deren Pastor, laufend anzugreifen. In seinen Radiosendungen sagte er regelmäßig abwertende Dinge über die Glieder dieser Gemeinde und ihren Pastor. Viele Glieder der Gemeinde hörten sich deshalb regelmäßig diese Radiosendung an, um zu hören, was jener Mann über sie zu sagen hatte.

Je mehr dieser Mann so redete, um so schlimmer wurden seine Erklärungen. Viele Glieder der betroffenen Gemeinde empörten sich über ihn und wurden zornig. Sie forderten von ihrem Pastor, nun auch im Radio und sonst in der Öffentlichkeit mit gleicher Münze heimzuzahlen. Der Fundamentalist forderte diesen Pastor sogar zu einer Debatte über die ihm strittig erscheinenden Lehrfragen heraus.

Jener immer wieder angegriffene Pastor ist ein Mann, der ein gottgeweihtes Leben führt, ebenfalls fest auf der ganzen Aussage der Bibel steht und von der Einheit des Leibes Christi überzeugt ist. Darüber hinaus ist er ein ganz hervorragender Bibellehrer, so daß die Glieder seiner Gemeinde voll davon überzeugt waren, er könnte den Fundamentalisten bei einer Debatte durchaus des Irrtums überführen.

Mehrere Tage vergingen, und der Radioprediger fuhr mit seinen Angriffen fort. Er kritisierte sogar die Art, wie der Pastor sich kleidete und sein allgemeines Auftreten. Doch dieser Pastor weigerte sich immer noch, mit ihm im Rundfunk zu debattieren. Er haßte den Gedanken, daß zwei Prediger des Evangeliums in der Öffentlichkeit, nicht nur vor Gläubigen, sondern auch vor Ungläubigen, ihre unterschiedlichen Lehrmeinungen austragen sollten. Statt dessen begann der angegriffene Pastor, in seinen Radiosendungen für seinen Angreifer und für alle anderen Pastoren in der Stadt sowie für die Einheit des Leibes Christi regelmäßig zu beten. Er betete für seinen Bruder und vergab ihm auch von Herzen alles, was jener über ihn und seine Gemeinde öffentlich sagte.

Die Frau des Pastors schrieb dem Fundamentalisten einen Brief und bat ihn darin, ihnen alles zu vergeben, womit sie ihn vielleicht unwissentlich geärgert haben könnten. Außerdem lud sie ihn zum Essen in ihr Haus ein.

Der Pastor selbst trat vor seine Gemeinde und bat sie, sie sollten ihrem Angreifer gemeinsam alles vergeben, was er über sie gesagt hatte. Die Gemeinde ging darauf ein, und sie brachten im gemeinsamen Gebet ihre Vergebung vor Gott zum Ausdruck.

Die ganze Situation hätte große Probleme für ihre Gemeinschaft hervorbringen können, wenn ihr Pastor nicht so gehandelt hätte. Es wäre leicht für ihn und für andere Glieder der Gemeinde gewesen, nun Bitterkeit gegen jenen Mann in ihrem Herzen zu hegen. Statt dessen begannen sie als vereinigte Gemeinde, für diesen Mann und seine Gemeinde zu beten. Es war eine große Lektion der Vergebungsbereitschaft, die die Gemeinde und andere Christen in der ganzen Stadt dadurch lernten. Und diese vergebungsbereite Haltung brachte jenen Mann dazu, seine Angriffe einzustellen, und Gott ist immer noch dabei, dadurch in seinem Herzen zu arbeiten. Auch viele Menschen in der gesamten Stadt begriffen dadurch besser, welcher Segen im Vergeben liegt.

Weißt du, daß Vergebungsbereitschaft auch Erweckung in eine Gemeinde und sogar in eine ganze Stadt bringen kann? Auch in deinem Leben kann dadurch eine neue Erweckung beginnen, denn die Quellen der Segnungen des Geistes Gottes können neu fließen, wenn Groll und Bitterkeit, die diesen Segen hindern, hinweggetan werden. Sogar andere können dadurch ergriffen und erweckt werden. Ich weiß von einem Fall, wo Erweckung zu einer Gemeinde kam, weil ein Kind um Vergebung bat.

Es war Sonntagmorgen und die Gemeinde hatte Abendmahlsgottesdienst. Einer der Ältesten, der den Gottesdienst zu leiten hatte, sprach über die Reinheit des Lebens und daß es nötig ist, daß unsere Herzen mit Gott und unseren Mitmenschen in Ordnung sind, wenn wir zum Abendmahl gehen.

Unter den Zuhörern saß auch ein elf Jahre altes Mädchen, die gespannt lauschte. Der Älteste hatte sehr durchdringende Augen, und es schien, als könne er jedem Zuhörer ins Innerste blicken, während er sprach. Er sagte: „Jeder soll in sein eigenes Herz schauen und sich prüfen, damit er nicht von Gott gerichtet wird." Er warnte davor, das Abendmahl zu nehmen, wenn man irgend etwas gegen einen Bruder oder eine Schwester im Herzen trug. „Wenn du es doch tust, dann ißt und trinkst du dadurch das Gericht Gottes auf dein Leben", warnte er.

Das junge Mädchen in der Bank prüfte ihr Herz und

entdeckte dabei, daß sie Bitterkeit gegen jemand anders hegte. Schnell stand sie auf und rief: ,,Ich habe etwas in meinem Herzen." Zum Erstaunen aller begann sie zu weinen und bekannte, daß sie einen Groll gegen eine Frau, ein Glied der Gemeinde, im Herzen trug und um Vergebung bitten wolle. Dann ging sie unter Tränen zu jener Frau, umarmte sie und bat um Verzeihung.

Durch diese Handlungsweise begann eine Erweckung. Überall standen Leute auf und bekannten, daß auch sie Groll und Bitterkeit gegen andere im Herzen trugen. Viele weinten, umarmten sich gegenseitig, baten sich um Vergebung und begannen dann, sich im Herrn zu freuen und Ihn zu preisen, als der Segen des Vergebens ihre Herzen ergriff.

Viele dieser Leute hatten etwas in ihrem Herzen, das vergeben werden mußte. Aber hätte jenes Mädchen nicht soviel Mut gehabt, wäre manches davon unbekannt und unvergeben geblieben. Sie hätten das Abendmahl genommen, obwohl all diese Unversöhnlichkeiten noch in ihren Herzen gewesen wären. Wir fragen uns manchmal, warum Gott unsere Gebete nicht erhört und wir keine Erweckungen haben. Ich glaube, wenn wir in unseren Gemeinden öfter einmal einen solchen Gottesdienst hätten, wie den eben beschriebenen, wäre da manches anders.

Nach diesem Sonntagmorgen, als viele im Gottesdienst ihre Unversöhnlichkeit erkannten, weinten und um Vergebung baten, begann der Heilige Geist in dieser Gemeinde zu wirken, und bald darauf brach eine gewaltige Erweckung unter der Jugend aus. Dies alles begann, weil ein elfjähriges Mädchen erkannte, daß sie wegen der Bitterkeit in ihrem Herzen Vergebung nötig hatte.

Vergebung erleichtert auch andere, so daß Gott in ihnen und durch sie wirken kann. Wenn wir unseren Mitmenschen nicht vergeben, tragen wir dazu bei, daß sie in ihren Sünden gehalten bleiben und hindern das Werk des Heiligen Geistes in ihnen.

Es ist schon 22 Jahre her, doch ich kann mich noch gut an den vielversprechenden jungen Pastor erinnern, der gleichzeitig stellvertretender Vorsitzender einer christlichen Jugendbewegung war und sich in den Gedanken verbiß, er sollte eigentlich der Vorsitzende sein. Doch als die Zeit der Neuwahl kam, wurde wieder ein anderer und nicht er zum Vorsitzenden gewählt. Weil er die Position nicht bekam, von der er glaubte, daß er sie haben sollte, füllte sich sein Herz immer mehr mit Bitterkeit und Groll. Bald wurde von ihm erzählt, daß er den Präsidenten einer Bank mit tätlichen Angriffen bedroht haben sollte. Konnte dies wahr sein? Er war doch ein Pastor.

Heute sitzt er im Gefängnis, und zwar in der Todeszelle, weil er seine Frau und seinen Schwiegervater erstochen hat. Zu diesem traurigen Ende kam es, weil das Herz dieses Mannes voller Bitterkeit und Haß war. Dadurch war es dem Satan möglich, sich in seinem Leben breitzumachen; und mit ihm kamen Gewalt und Mord.

Wir können es uns nicht leisten, mit Groll im Herzen herumzulaufen. Die Bibel sagt: *„Wenn ihr euch aber untereinander beißt und freßt, so sehet zu, daß ihr nicht voneinander verschlungen werdet"* (Galater 5, 15). Deshalb ist es nötig, daß wir vergeben.

Jesus sagt: *„Wenn es mit eurer Gerechtigkeit nicht besser bestellt ist als bei den Schriftgelehrten und Pharisäern, so werdet ihr nimmermehr ins Himmelreich eingehen"* (Matthäus 5, 20). Die Schriftgelehrten und Pharisäer gaben ihren Zehnten, beteten und gaben Almosen an solche, die in Not waren. Sie waren voller guter Werke. Wo lag dann eigentlich ihr Problem? Es war ihre selbstgerechte Haltung. Wir müssen sehr acht geben, daß wir nicht auch diese Einstellung entwickeln. Petrus fragte den Herrn einmal, wie oft er vergeben müsse, und der Herr antwortete: 490 Mal. Oft müssen wir denselben Menschen immer wieder vergeben. Es wäre aber wirklich kein Vergeben von Herzen, wenn wir zählen würden, wie oft wir einem Menschen schon vergeben haben. Echte Vergebung heißt, von Herzen zu sagen: Wir wollen es vergessen.

In Matthäus 5, 44 werden wir aufgefordert, unsere Feinde zu lieben, die zu segnen, die uns fluchen und für die zu beten, die uns verfolgen. Wenn du bittere Gefühle gegen jemand in deinem Herzen hast, dann bete für ihn. Auch wenn deine Gefühle ganz anders sind, tue es trotzdem, weil der Herr es will. Innerhalb kurzer Zeit wirst du dann merken, daß du beginnen kannst, diesen Menschen zu lieben.

Wenn wir mit unseren Nächsten nicht in Ordnung sind, sind wir auch mit Gott nicht in Ordnung. Der Apostel Johannes schreibt: *„Wenn jemand behauptet: »Ich liebe Gott« und doch seinen Bruder haßt, so ist er ein Lügner; denn wer seinen Bruder nicht liebt, der sichtbar bei ihm ist, kann ganz gewiß Gott nicht lieben, den er nicht gesehen hat"* (1. Johannes 4, 20).

Unsere Beziehung zu unserem Bruder und zu unserer Schwester hängt von unserer Beziehung zu Gott ab, und unsere Beziehung zu Gott wiederum von unserer Beziehung zu unserem Bruder und unserer Schwester. Johannes fährt fort: *„Und dies Gebot haben wir von Ihm, daß, wer Gott liebt, auch seinen Bruder liebe"* (1. Johannes 4, 21).

Unseren Bruder zu lieben, ist ein Gebot! Wenn du all die reichen Segnungen Gottes empfangen und mit deinem himmlischen Vater in rechter Gemeinschaft leben möchtest, mußt du deinen Bruder lieben.

10

Vergebung durch Bekenntnis ist völlige Vergebung

In Matthäus 12 spricht Jesus von Vergebung und Verdammung. Wenn du im Glauben ergreifen kannst, daß der Christus, der zur Rechten Gottes sitzt, auch in dir wohnt und in dir lebendig ist, und wenn du das bezeugst, dann kann dein Leben völlig verändert werden. Jesus sagt:

„Ihr Schlangenbrut, wie sollt ihr imstande sein, Gutes zu reden, da ihr doch böse seid? Denn wovon das Herz voll ist, davon redet der Mund" (Matthäus 12, 34).

Denke an das letzte Mal, als dir jemand Unrecht getan hat, wie hast du reagiert? Als du dir das letzte Mal den Finger in der Tür einklemmtest, was hast du da gesagt? Daran kannst du erkennen, was in deinem Herzen ist. Wir müssen erkennen, welchen Dingen wir erlauben, in unseren Herzen zu wohnen. Jesus sagt dort weiter:

„Ein guter Mensch bringt aus der guten Schatzkammer seines Herzens Gutes hervor, während ein böser Mensch aus seiner bösen Schatzkammer Böses hervorbringt. Ich sage euch aber: Von jedem unnützen Wort, das die Menschen reden, davon werden sie Rechenschaft am Tage des Gerichts zu geben haben; denn nach deinen Worten wirst du gerechtgesprochen werden, und nach deinen Worten wirst du verurteilt werden" (Matthäus 12, 35—37).

Was wird geschehen, wenn ich sage: ,,Meine Frau ist nicht gut", oder: ,,Meine Kinder sind verdorben"? Die Antwort ist klar: Ich verdamme sie mit meinen Worten.

Ich hörte von einem Bruder im Herrn, zu dem eine Frau kam und sagte: ,,Mein Junge ist 15 Jahre alt, nimmt Drogen und rennt mit üblen Gesellen herum. Er war schon im Gefängnis und ist jetzt auf Bewährung frei." Für ungefähr fünfzehn Minuten redete sie von allem Schlechten, was ihr Junge tat und schloß mit den Worten: ,,Ich weiß, daß er in der Erziehungsanstalt enden wird. Würden Sie bitte jeden Tag für ihn beten?"

Der Bruder antwortete: ,,Ich werde nicht eher für ihn beten, bis Sie bereit sind, das zu sehen, was Gott aus dem Leben ihres Jungen machen kann und bis Sie auch darüber reden, anstatt ihn nur zu verdammen. Bei Ihrer Einstellung kann ich Ihnen wohl nicht helfen."

,,Ich verstehe nicht, was Sie meinen", bemerkte die Frau.

,,Es ist nötig, daß Sie ein wenig Vertrauen für das gewinnen, was Gott für Ihren Sohn tun will, und daß Sie das auch bekennen, anstatt im Blick auf sein Leben nur von Gefängnis, Tod und Verdammnis zu reden. Wenn Sie Ihren Glauben in Gott bezeugen würden, könnten sich die Dinge bald ändern." Preis sei Gott!

Jesus sagt: *,,Wer an Mich glaubt, aus dessen Leibe werden, wie die Schrift gesagt hat, Ströme lebendigen Wassers fließen"* (Johannes 7, 38). Hast du je darüber nachgedacht, was diese lebendigen Wasser sind? Das Wort Gottes, durch das wir und andere auferbaut und gestärkt werden. Und genau das wollte der Bruder auch jener Mutter klarmachen. ,,Schwester, solange du ihn mit Verurteilung gebunden hältst, kann Gott ihn nicht freimachen." Wir halten Menschen oft gebunden.

Was wir tun müssen, ist: Jesus in unseren Mitmenschen sehen. Es kommt dabei nicht darauf an, ob die anderen recht haben oder nicht. Wenn du sie nicht als Bruder lieben kannst, liebe sie als Feinde. Die Hauptsache ist, du liebst sie. Irgendwie kannst du zwischen diesen beiden Extremen sicher auch mich mit einordnen, zwischen Bruder und Feind. Und wenn du mich einordnest, liebe mich auch!

Jesus wollte, solange Er auf Erden war, auch die Ungeretteten nicht verurteilen. Er sagte, wenn sie das Wort hörten und nicht gehorchten, so wollte Er sie doch nicht richten. Aber wir sitzen da und sagen: Ich habe Regeln aufgestellt, und jeder, der mein Wort nicht hören will, den verurteile ich. Nein! Nein! <u>Die Zeit des Gerichts wird kommen, aber jetzt ist sie noch nicht.</u> Jetzt ist es Zeit, den Menschen zu bezeugen, daß Gott Leben für sie bereit hält.

Eine meiner Lieblingsstellen findet sich im Kolosserbrief. Paulus schreibt dort:

",..., sondern alles und in allen Christus. So ziehet nun als von Gott Auserwählte, als Heilige und Geliebte, herzliches Erbarmen, Gütigkeit, Demut, Sanftmut und Geduld an; ertragt einander und vergebt euch gegenseitig, wenn jemand dem anderen etwas vorzuwerfen hat; wie der Herr euch vergeben hat, so tut auch ihr es. Zu dem allem aber die Liebe, die das Band der Vollkommenheit ist. Und der Friede Christi regiere in euren Herzen — zu diesem seid ihr ja auch berufen worden als ein Leib —, und erweiset euch dankbar. Laßt das Wort Christi reichlich unter euch wohnen; belehrt und ermahnt einander in aller Weisheit und singet Gott mit Psalmen, Lobgesängen und geistlichen Liedern, voller Dankbarkeit in euren Herzen. Und alles, was ihr mit Worten oder Werken tun mögt, das tut alles im Namen des Herrn Jesus, indem ihr eure Dankgebete durch seine Vermittlung vor Gott den Vater bringt" (Kolosser 3, 11—17).

Gott hat uns beauftragt, unseren Bruder zu ermahnen und zu ermutigen. Vor allem zu ermutigen! Jesus sagt zu diesem Thema:

"Wenn dein Bruder sich verfehlt, so gehe hin und halte

es ihm unter vier Augen vor. Hört er auf dich, so hast du deinen Bruder gewonnen; hört er aber nicht, so nimm noch einen oder zwei Brüder mit dir, damit jede Sache auf Grund der Aussage von zwei oder drei Zeugen festgestellt wird. Will er auf diese nicht hören, so teile es der Gemeinde mit; will er auch auf die Gemeinde nicht hören, so gelte er dir wie ein Heide und ein Zöllner" (Matthäus 18, 15—17).

Wie weise ist doch dieser Rat. Unser Problem ist, daß wir meist versuchen, den dritten Schritt zuerst zu tun. Jesus sagt, wir sollen zuerst zu unserem Bruder selbst gehen. Täten wir dies, könnten wir uns wohl den zweiten oder dritten Schritt meist sparen.

In den folgenden Versen von Matthäus 18 spricht Jesus über etwas sehr Interessantes. Er sagt, alles, was wir auf Erden binden, wird auch im Himmel gebunden, und was wir auf Erden lösen, wird auch im Himmel gelöst sein. Wir können vielleicht unsere Mitmenschen gerade jetzt lösen von unserer Unversöhnlichkeit; wenn wir nur damit beginnen wollten.

Gott hat die Welt so sehr geliebt, und Er liebt sie immer noch. Er sagt uns, daß wir dasselbe tun sollen. Wem ihr die Sünden erlaßt, sagt Jesus, dem sind sie erlassen, und wem ihr sie behaltet, dem sind sie behalten.

Lasse dich auch selber frei. Du kannst es, wenn du mit dir ehrlich sein willst. Bete darum, daß der Heilige Geist dir jeden zeigt, dem du vergeben mußt. Setze dich nicht hin und fange nicht an nachzugrübeln, wem du noch vergeben müßtest. Der Heilige Geist kennt dein Herz besser als du selbst, und Er wird es dir zeigen. Vielleicht zeigt Er dir etwas, woran du selbst nie gedacht hättest, was aber seit langem dein Unterbewußtsein bedrückt. Glaube Ihm, gehorche Ihm und gehe auf Ihn ein!

Wenn der Heilige Geist dir sagen sollte: Vergib dir selbst, lasse dich selbst frei! Dann tue dies. Wenn du dir selbst vergibst, wird der Friede Gottes dich erfüllen und deine Nervosität wird verschwinden. Die Bibel sagt uns, daß wir uns um nichts sorgen sollen. Dies kann geschehen, indem wir uns selbst vergeben.

Gott will, daß wir, wie Er selbst, reich an Vergebung sind. Dann kann Seine Kraft zu uns kommen. Wenn wir nicht vergeben, werden wir von Seiner Kraftzufuhr abgeschnitten. Wir können dies heute in vielen Kirchen und Gemeinden sehen.

Kürzlich kam ein Mann zu mir, dem die Tränen in den Augen standen: ,,Gene, was können wir nur für unsere Gemeinde tun?"

Ich bat ihn, zu erklären, was er meinte.

Sie hatten in ihrer Gemeinde einen Gebetskreis von geisterfüllten Menschen gehabt, und alle hatten sich darüber gefreut. Dann hatte in einem normalen Gottesdienst einer der Leute aus dem Gebetskreis während des Gebets leise für sich in anderen Zungen gebetet. Ein in der Nähe Stehender hatte es gehört. Die zum Gebetskreis gehörenden Glieder wurden gerichtet und aus der Gemeinde ausgeschlossen. Man will sie nun dort nicht mehr sehen.

Der Bruder, der zu mir gekommen war, fragte nochmals: ,,Was können wir tun? Bei uns geht es seither ständig rückwärts, und wir haben nur noch etwa ein Drittel der Besucherzahl wie vorher."

Ich antwortete: ,,Bringt eure Sache mit denen in Ordnung, gegen die ihr etwas im Herzen habt, damit der Herr euch wieder segnen kann."

Wir leben heute in einer Zeit, in der keine Halbheiten mehr zählen. Entweder wir werden für Jesus brennend, oder wir erkalten und fallen ab. Da ist es nötig, daß wir auch im Blick auf unsere Mitmenschen nichts in unserem Herzen tragen, sondern vergeben. Ganz gleich, ob es sich um Christen oder Sünder handelt — vergib ihnen. Als Gott mir diese Wahrheit aufs Herz legte, rannte ich ins Haus, ergriff meine Frau und die Kinder und rief: ,,Ich vergebe euch für alles, was ihr je getan habt." Ich wollte innerlich wirklich ganz frei sein. Halleluja! Preis sei Gott.

Doch ich möchte gern, daß auch du ganz frei bist. Gott will in deinem Leben große Dinge tun, wenn du Ihm die Möglichkeit dazu gibst. Löse dich selbst von allem Groll und aller Bitterkeit und Unversöhnlichkeit, und löse dadurch auch andere und gib sie frei. Denke daran: Wie du vergibst, soll auch dir vergeben werden. Alle Härte muß aus deinem Herzen verschwinden. Während du jetzt den nächsten Abschnitt liest, mache ein Gebet daraus.

„Vater, ich bitte Dich im Namen Jesu, lasse den Heiligen Geist gerade jetzt in meinem Leben wirken. Sieh in mein Herz, ob Du Groll oder Bitterkeit oder Neid oder böse Gedanken oder Verleumdungen oder sonst etwas gegen meinen Bruder oder meine Schwester oder irgend jemand anders dort findest. Herr, ich bitte Dich, daß Du mir alle Unversöhnlichkeit, die in meinem Herzen sein mag, zeigst, und daß ich durch die Hilfe Deines Heiligen Geistes Dir jetzt alles ausliefere und alles vergebe, was Du mir zeigst. (Ob es deine Frau, dein Mann, Kinder, Vorgesetzte, Verwandte, christliche Brüder oder Schwestern oder wer auch sonst immer ist, gegen den du etwas im Herzen trägst, vergib ihm jetzt.) Ich wende mich jetzt im Namen Jesu gegen alle Unversöhnlichkeit in meinem Leben und sage mich davon los. Ich bitte Dich, Herr, daß Deine Vergebung mich durchfluten möchte, und ich preise Dich für alles, was Du noch in meinem Leben tun willst und womit Du jetzt beginnst."

Wenn du mit diesem Gebet selbst aufrichtig und von ganzem Herzen zu Gott gekommen bist und der Führung des Heiligen Geistes folgen willst, dann hat die Veränderung in deinem Leben bereits begonnen. Wenn aber die Bitterkeit gegen irgend jemand nicht weichen will, dann achte genau auf das, was der Heilige Geist dir vielleicht noch zu sagen hat. Frage dich: „Habe ich mir selbst vergeben und lebe ich mit meiner Vergangenheit in Frieden?" Kannst du die Menschen um dich herum so betrachten, wie Jesus es tat, und sagen: ,,Vater, vergib ihnen"? Kannst du im Blick auf solche, die dir Unrecht taten, mit Stephanus sagen: ,,Vater, rechne ihnen diese Sünde nicht zu"? Frage dich ernstlich, ob du mit dir selbst ehrlich bist.

Wenn du so mit allem aufrichtig zu dem Herrn gekommen bist, dann weißt du, daß dir vergeben ist, und du kannst auch von Herzen allen andern vergeben. Der Heilige Geist muß uns Jesus sehr groß machen, damit Vergebungsbereitschaft gegen alle Menschen unser Herz erfüllt und wir alle Menschen lieben können. Mein Wunsch und Gebet ist, daß die Botschaft dieses Buches dir dazu geholfen hat, allen deinen Mitmenschen aufrichtig zu vergeben.

Wenn der Herr Jesus Christus dir Gnade geschenkt hat, allen zu vergeben, wie soll es weitergehen? Wirst du das nächste Mal, wenn deine Frau oder dein Mann oder sonst jemand dir so begegnet, wie es dir nicht gefällt, wieder beleidigt sein und Bitterkeit in deinem Herzen Raum lassen? Wenn deine Kinder sich ungebührlich benehmen, wirst du böse werden? Wenn dein Chef dich ungerecht behandelt, wie wirst du reagieren? Im 4. Kapitel des Markusevangeliums erzählt Jesus Seinen Zuhörern das Gleichnis vom Sämann. Beginnend mit Vers vier sagt Er:

,,. . . und beim Säen fiel einiges auf den Weg längshin; da kamen die Vögel und fraßen es auf. Anderes fiel auf felsigen Boden, wo es nicht viel Erdreich hatte und bald aufschoß, weil es nicht tief in den Boden dringen konnte; als dann die Sonne aufgegangen war, wurde es versengt und verdorrte, weil es keine Wurzel geschlagen hatte. Wieder anderes fiel unter die Dornen; und die Dornen wuchsen auf und erstickten es, und es brachte keine Frucht. Anderes fiel auf den guten Boden und brachte Frucht, indem es aufging und wuchs; und das eine trug dreißigfältig, das andere sechzigfältig, noch anderes hundertfältig" (Verse 4—8).

Dann schloß Jesus mit den Worten: *,,Wer Ohren hat zu*

hören, der höre" (Vers 9). Sind deine geistlichen Ohren geöffnet und auf die Wahrheiten des Wortes Gottes eingestimmt?

Als Jesus Seine Rede beendet hatte und dann mit Seinen Jüngern allein war, fragten diese Ihn nach der Bedeutung des Gleichnisses. Geduldig erklärte Er ihnen den Sinn: *„Der Sämann säte das Wort"* (Vers 14). Denke zuerst einmal darüber nach. Dieses Buch hat die Botschaft vom Vergeben auch in dein Herz ausgestreut. Wie hast du sie aufgenommen? Wird sie in dir Frucht bringen können?

Dann fuhr Jesus fort: *„Die aber, bei denen der Same auf den Weg längshin fällt, sind solche, da wird das Wort gesät, doch wenn sie es gehört haben, kommt sogleich der Satan und nimmt das Wort weg, das in sie gesät war"* (Vers 15). Das Wort ist nun auch in dein Herz gefallen. Erlaube dem Satan nicht, es wieder zu stehlen — er wird es sicher versuchen —, sondern halte fest an der Wahrheit, die du erkannt hast.

Weiter erklärte Jesus: *„Ebenso die, bei denen der Same auf felsiges Land fällt, das sind solche, wenn sie das Wort hören, nehmen sie es für den Augenblick mit Freuden an; doch sie haben keine Wurzel in sich, sondern sind Kinder des Augenblicks; wenn nachher Drangsal oder Verfolgung um des Wortes willen kommt, werden sie sogleich irre"* (Vers 16.17). Wenn jemand dir böse Worte sagt, dich schlecht behandelt oder dir Unrecht tut, wirst du dann schnell wieder beleidigt sein und Bitterkeit in dir wachsen lassen, obwohl du jetzt vielleicht davon überzeugt bist, daß kein Groll mehr in deinem Herzen Raum haben sollte? Wird die Wahrheit des Wortes so schnell wieder in dir verwelken?

Jesus sagte weiter: *„Bei anderen fällt der Same unter die Dornen. Das sind solche, die das Wort wohl gehört haben, doch die weltlichen Sorgen und der Betrug des Reichtums und die sonstigen Gelüste dringen in sie ein und ersticken* *das Wort; so bleibt es ohne Frucht"* (Vers 18.19). Wie schnell lassen wir uns von den Dingen, die Jesus hier aufzählt, und auch noch vielen anderen Problemen wieder von der Wahrheit des Wortes Gottes ablenken. Achte darauf, daß dies nicht geschieht, sondern daß du an dem festhältst, was du erkannt hast.

Jesus schließt Seine Erklärung dann mit den Worten: *„Wo aber auf guten Boden gesät ist, das sind solche, die das Wort hören und aufnehmen und Frucht bringen, dreißigfältig und sechzigfältig und hundertfältig"* (Vers 20). Welche Frucht wird das Wort in deinem Leben bringen? Es hängt allein von dir ab. Halte an dem fest, was du erkannt und bekannt hast und werde nicht wankelmütig. Widerstehe den Anfechtungen des Satans, dann muß er von dir weichen.

Wenn Schwierigkeiten und Verfolgungen um des Wortes Jesu willen dich treffen, wie wirst du darauf reagieren? Wenn du jemand vergibst, doch der andere scheint nicht darauf einzugehen und ändert seine Haltung nicht, was wirst du tun? Wirst du an Gottes Wort festhalten, oder wirst du sofort wieder beleidigt sein und die Verheißungen Gottes in Frage stellen? Denke daran: Wenn du an Gottes Wort festhältst, wirst du hundertfältige Frucht ernten.

Du hast das Wort gehört. Bitte den Herrn, daß es in dir beständig lebendig bleibt. Halte an dem fest, was du erkannt und bekannt hast! Widerstehe dem Satan! Widerstehe allen Anfechtungen, Verfolgungen und Sorgen und ernte dann hundertfältig Frucht und Segen aus der Fülle Gottes.

Bücher der Leuchter Edition
Hilfe für den ganzen Menschen

Betty Tapscott
Innere Heilung
Friede der Seele – das Geschenk Gottes

Paperback · 140 Seiten
Bestell-Nr.: 547.193 · ISBN 3-87482-193-5

Manche Erlebnisse können die Seele tief verletzen. Und solche Verletzungen führen zu Verhaltensweisen und Gefühlen, die wir weder mögen, noch gutheißen, aber auch nicht einfach abstellen können. Doch Gott, in Seiner Güte und Macht, hat Hilfe bereit. Wie Sie diese Hilfe auch in Ihrem Leben wirksam sehen können, erfahren Sie in diesem Klassiker der Seelsorgeliteratur.

Von der gleichen Autorin, als Fortsetzung von „Innere Heilung" mit vielen Zeugnissen und Berichten von Menschen, die innerlich heil geworden sind:
Frei gemacht ..., Paperback, 152 Seiten, Best.-Nr. 547.089

Cleland Thom
Heilung zerstörter Hoffnung
Wie Gott Enttäuschung in neue Hoffnung verwandelt

Paperback · 160 Seiten
Bestell-Nr.: 547.217 · ISBN 3-87482-217-6

Gott kann aus dem Dunkel der Enttäuschung in das Licht neuer Hoffnung versetzen. Sie haben erwartet – gehofft – geglaubt – und dann ist die Erfüllung dieser Erwartung in ganz entscheidenden Fragen ausgeblieben. So entstehen tiefe Verletzungen. Doch es gibt Heilung und Hoffnung für die derart Enttäuschten. Wer lernt, dass Ernüchterung und Enttäuschung oft nur einen Lidschlag von Segnungen, Erfolgen und Siegen entfernt sind, und dass Gott beide benutzt, um uns zu reifen Persönlichkeiten zu machen, der wird frei für einen Neuanfang. Zu solch einem Neuanfang will dieses hilfreiche und lebensnahe Buch beitragen.

Bitte fragen Sie in Ihrer Buchhandlung nach diesen Büchern!
Oder schreiben Sie an Leuchter Edition GmbH, Postfach 1161, D-64386 Erzhausen
Fax: (0 61 50) 97 36 36, E-Mail: leuchter-edition@bfp.de

Tragfähige Wahrheit
Aus der Schatzkammer Gottes

Gene Edwards
Der Stoff aus dem Könige sind
Über Macht, Ohnmacht und Vollmacht

Paperback · 120 Seiten
Bestell-Nr.: 547.210 · ISBN 3-87482-210-9

Viele Christen haben durch Machtmißbrauch geistlich Schiffbruch erlitten und kämpfen heute mit Bitterkeit. Gemeindeglieder leiden unter ihren Leitern, Leiter unter den ihnen Anvertrauten. Heilung, Befreiung und eine neue Perspektive erhält, wer akzeptiert, dass Gott auch verletzende Menschen und widrige Umstände gebraucht, um uns zu formen und zu fördern. Gene Edwards zeigt in einfühlsamer Weise an Hand der Konflikte Davids mit Saul und Absalom die geistlichen Gesetzmäßigkeiten solch schwieriger Beziehungen. Ein Buch voller Weisheit und Kraft, das schon Tausenden in aller Welt der Schlüssel zu neuer Freiheit geworden ist

Uwe Schäfer
Die Theologie des Zimmermanns
Bibelauslegung von Jesus lernen

Taschenbuch · 96 Seiten
Bestell-Nr.: 547.509 · ISBN 3-87482-509-4

Wenn Jesus sprach, dann tat sich was. Fäuste ruhten, Flüche wichen, Ketten brachen, Menschen lebten – Gott „pur" trat vor! Heute aber wirkt Bibellehre zu oft nur schwer, beengend, flach, indem Gottes Wort vom „Muster gesunder Worte" zum schlaffen Gedankengut oder einseitigen Gefahrengut degradiert wurde. O, wie gut tun da die Gegenvorbilder, die aus der Praxis kommen, ohne die Theorie zu verachten; die tief schürfen und einfach geben: leidenschaftliche Jesus-Menschen!
Messerscharfe Logik tritt hier neben befreiendes Offenlassen. Lehre, die acht und wacht. Ein starkes Stück Theologie – eben die des Zimmermanns. Der Leser bekommt nicht nur neue Sicherheit im Umgang mit seiner Bibel, sondern auch „Appetit auf mehr": eine noch tiefere Liebe zu Gott und Seinem ewigen Wort.

Bitte fragen Sie in Ihrer Buchhandlung nach diesen Büchern!
Oder schreiben Sie an Leuchter Edition GmbH, Postfach 1161, D-64386 Erzhausen
Fax: (0 61 50) 97 36 36, E-Mail: leuchter-edition@bfp.de

Heil und froh werden
Die Sehnsucht jedes Menschen

David Wilkerson
Ich – zweimal
*Von der geistlichen und fleischlichen Natur
im Menschen und dem Sieg Christi*

Taschenbuch · 96 Seiten
Bestell-Nr.: 547.110 · ISBN 3-87482-110-2

Ein Buch, das in der für David Wilkerson typischen befreienden Offenheit von dem Kampf des alten mit dem neuen Menschen im wiedergeborenen Christen spricht. Dabei wird auch gezeigt, wie vergeblich und aufreibend der Kampf mit Sünden und schlechten Gewohnheiten für die sein muss, die Christus nicht die Herrschaft in ihrem Leben eingeräumt haben. David Wilkerson spricht ganz offen auch von eigenem Versagen, um damit die Probleme mit, aber auch die Möglichkeit des Sieges über die alte Natur in jedem Menschen aufzuzeigen. Zentrum des Buches ist dabei nicht unser Versagen, sondern der Sieg Christi und das verändernde Wirken des Heiligen Geistes in uns.

David Wilkerson
Die Antwort auf Verzweiflung und Selbstmord
*Hilfe für notvolle Fragen unserer Zeit
Taschenbuch · 144 Seiten*

Bestell-Nr.: 547.119 · ISBN 3-87482-119-6

Ein Phänomen unserer Zeit ist, dass die Seele vieler Menschen, ihr Innenleben, verödet, verhungert und weitgehend zerstört ist. Der Mensch, der Erfüllung im Materialismus oder in okkult-esoterischen Alternativen sucht, macht die Erfahrung, dass die Seele davon nicht zur Ruhe kommt. So sind viele, auch jüngere Menschen, in eine innere Not und Sinnleere geraten, die sie in die Verzweiflung und immer häufiger auch in den Selbstmord treibt.

David Wilkerson zeigt die Gründe für diese Sinnentleerung des Lebens und gibt von der Bibel her Antworten, die überprüfbar und tragfähig sind. Ein Buch, das den Weg zu einer Rückkehr aus der Hoffnungslosigkeit weisen kann. Für Betroffene und Seelsorger gleichermaßen zu empfehlen.

**Bitte fragen Sie in Ihrer Buchhandlung nach diesen Büchern!
Oder schreiben Sie an Leuchter Edition GmbH, Postfach 1161, D-64386 Erzhausen
Fax: (0 61 50) 97 36 36, E-Mail: leuchter-edition@bfp.de**